RANJOT SINGH CHAHAL

Heilung des Gebrochenen Herzens

Eine Reise zur Selbst-Erneuerung

Contents

1

Einführung: Navigieren auf dem Weg zur Heilung

Einleitung: „Auf dem Weg zur Heilung besprechen wir das Konzept der Heilung und betonen, wie wichtig es ist, einen Weg zu finden, der für jeden Einzelnen funktioniert." Unter Heilung versteht man in diesem Zusammenhang den Prozess der Genesung von körperlichen, emotionalen oder psychischen Wunden oder Traumata.

1.1 Heilung definieren:

Heilung ist eine vielschichtige Reise, die nicht nur den physischen Aspekt, sondern auch die mentale, emotionale und spirituelle Dimension umfasst. Es handelt sich um einen Prozess der Wiederherstellung von Wachstum und Transformation mit dem Ziel, ein Gefühl des Wohlbefindens und der Ganzheit wiederherzustellen. Heilung kann auf verschiedenen Ebenen erfolgen, sei es auf der individuellen zwischenmenschlichen oder kollektiven Ebene.

1.2 Die individuelle Reise:

Heilung ist eine zutiefst persönliche Erfahrung und keine zwei Reisen sind genau gleich. Jeder Mensch hat seine ganz eigenen Herausforderungen, Wunden und Umstände, die seinen Weg zur Heilung prägen. Es ist wichtig zu betonen, dass es keinen einheitlichen Heilungsansatz gibt, der für alle passt. Was für eine Person funktioniert, funktioniert möglicherweise nicht für eine andere Person und jeder Einzelne muss seinen eigenen Weg finden.

1.3 Ganzheitliche Ansätze verfolgen:

In den letzten Jahren hat eine Verlagerung hin zu ganzheitlichen Heilansätzen an Fahrt gewonnen. Ganzheitliche Heilung erkennt an, dass ein Individuum ein komplexes und miteinander verbundenes Wesen ist und dass die Heilung daher alle Aspekte seines Wesens berücksichtigen sollte. Dieser Ansatz umfasst das körperliche, emotionale, geistige und spirituelle Wohlbefinden und erkennt an, dass diese Dimensionen miteinander verflochten sind und sich gegenseitig beeinflussen.

1.4 Herausforderungen meistern:

Während der Heilungsreise kann der Einzelne auf verschiedene Herausforderungen stoßen. Dazu können Selbstzweifel, Rückschläge und die Konfrontation mit schmerzhaften Emotionen oder Erinnerungen gehören. Es ist wichtig, diese Herausforderungen mit Mitgefühl und Belastbarkeit anzuerkennen und anzugehen. Der Weg zur Heilung erfordert Geduld, Selbstfürsorge und ein unterstützendes Netzwerk von Menschen.

1.5 Unterstützung suchen:

Während Heilung oft eine individuelle Reise ist, kann die

Suche nach Unterstützung durch andere äußerst hilfreich sein. Diese Unterstützung kann von Freunden, Familientherapeuten, Selbsthilfegruppen oder Mentoren kommen, die Anleitung, Ermutigung und Einfühlungsvermögen bieten können. Der Aufbau einer unterstützenden Gemeinschaft um sich herum trägt dazu bei, einen sicheren Raum für die Heilung zu schaffen.

1.6 Selbstmitgefühl annehmen:

Schließlich ist die Kultivierung von Selbstmitgefühl ein wesentlicher Bestandteil des Heilungsprozesses. Das Erkennen des eigenen Wertes, das Anbieten von Freundlichkeit und das Praktizieren von Selbstfürsorge sind für die Förderung der eigenen Heilungsreise von wesentlicher Bedeutung. Selbstmitgefühl ermöglicht es dem Einzelnen, seinen Schmerz anzuerkennen und zu würdigen und fördert gleichzeitig Widerstandsfähigkeit und Wachstum.

Zusammenfassend lässt sich sagen, dass der Weg zur Heilung eine einzigartige und zutiefst persönliche Reise ist, die Aufmerksamkeit für alle Aspekte des eigenen Wesens erfordert. Es ist wichtig, ganzheitliche Ansätze zu verfolgen, Herausforderungen mit Belastbarkeit zu meistern, Unterstützung von anderen zu suchen und Selbstmitgefühl zu kultivieren. Mit Engagement und Geduld kann jeder seinen eigenen Weg zur Heilung und zum persönlichen Wachstum finden.

1.1 Die Auswirkungen einer Trennung verstehen:

Trennungen können sowohl emotional als auch psychisch

tiefgreifende Auswirkungen auf den Einzelnen haben. Das Verständnis dieser Auswirkungen ist für die Steuerung des Heilungsprozesses von entscheidender Bedeutung. Zu den häufigsten Auswirkungen einer Trennung gehören:

Emotionale Belastung: Eine Trennung kann intensive Gefühle von Traurigkeit, Wut, Verwirrung und Ablehnung hervorrufen. Diese Emotionen können schwanken und zu einem Verlust des Selbstwertgefühls und des Selbstwertgefühls führen.

Verlust von Routine und Identität: Durch Beziehungen entstehen oft Routinen und ein Gefühl der gemeinsamen Identität. Wenn es zu einer Trennung kommt, kann es sein, dass die Betroffenen mit dem Verlust dieser vertrauten Aspekte ihres Lebens zu kämpfen haben, was zu einem Gefühl der Leere und Unsicherheit führt.

Soziale Isolation: Das Ende einer Beziehung kann auch zu sozialer Isolation führen. Menschen ziehen sich möglicherweise von Freunden und sozialen Aktivitäten zurück, weil sie das Gefühl haben, nicht mehr dazuzugehören, oder Angst vor einem Urteil haben.

Negatives Selbstbild: Trennungen können manchmal zu einer negativen Selbstwahrnehmung führen. Manche Menschen geben sich selbst die Schuld für das Scheitern der Beziehung und stehen vor der Herausforderung, zu akzeptieren, dass das Ende einer Beziehung nicht ihren Wert bestimmt.

1.2 Die Bedeutung der Selbstheilung:

Selbstheilung ist der Prozess, nach einer Trennung innere Stärke zu finden und das emotionale Wohlbefinden wiederherzustellen. Es ist wichtig, damit Einzelpersonen wachsen, lernen und vorankommen können. Hier sind einige Schlüsselaspekte der Selbstheilung:

Selbstreflexion: Sich Zeit zu nehmen, um über die Beziehung nachzudenken und die eigenen Emotionen, Gedanken und Verhaltensweisen zu untersuchen, ist entscheidend, um sich selbst besser zu verstehen und Einblick in die gewonnenen Erkenntnisse zu gewinnen.

Selbstfürsorge: Die Teilnahme an Aktivitäten und Praktiken, die das Wohlbefinden fördern, ist für die Selbstheilung von entscheidender Bedeutung. Dazu kann es gehören, Achtsamkeitsübungen oder Meditation zu üben, Hobbys nachzugehen, Zeit mit geliebten Menschen zu verbringen oder professionelle Unterstützung zu suchen.

Vergebung und Akzeptanz: Groll loszulassen und sich selbst und anderen, die an der Trennung beteiligt waren, zu vergeben, kann transformativ sein. Die Realität der Situation zu akzeptieren und persönliches Wachstum anzunehmen, hilft dabei, den Schmerz und die Bitterkeit zu überwinden.

Selbstwertgefühl wiederherstellen: Die Arbeit am Selbstwertgefühl ist ein entscheidender Teil der Selbstheilung. Sich auf positive Affirmationen einzulassen, erreichbare Ziele zu setzen und sich mit unterstützenden Menschen zu umgeben, kann dabei helfen, das Selbstwertgefühl wieder aufzubauen und zu stärken.

1.3 Realistische Erwartungen setzen:

Während des Heilungsprozesses nach einer Trennung ist es wichtig, realistische Erwartungen zu setzen. Es hilft Einzelpersonen, unnötige Frustrationen und Enttäuschungen zu vermeiden. Deshalb ist es wichtig, realistische Erwartungen zu setzen:

Emotionale Heilung braucht Zeit: Die Heilung nach einer Trennung geschieht nicht über Nacht. Es ist wichtig zu verstehen, dass der Heilungsweg eines jeden Menschen einzigartig ist und länger dauern kann als erwartet. Das Setzen realistischer Erwartungen an den Zeitplan kann Gefühle von Ungeduld und Selbstkritik minimieren.

Höhen und Tiefen sind normal: Heilung ist selten ein linearer Prozess. Es wird gute und schlechte Tage geben. Das Verständnis, dass Rückschläge normal und vorübergehend sind, kann Entmutigung verhindern und die Widerstandsfähigkeit fördern.

Keine magische Lösung: Es ist unrealistisch, eine schnelle Lösung oder eine Pauschallösung für die Heilung nach einer Trennung zu erwarten. Der Heilungsweg jedes Menschen wird anders sein. Geduld und Ausdauer sind der Schlüssel.

Konzentrieren Sie sich auf persönliches Wachstum: Anstatt sich nur darauf zu konzentrieren, einen neuen Partner zu finden oder wieder so zu werden, wie die Dinge waren, kann es produktiver sein, Erwartungen an persönliches Wachstum zu wecken. Die Trennung als Chance zur Selbstverbesserung und zum Lernen zu betrachten, kann positive und realistische Erwartungen wecken.

Zusammenfassend lässt sich sagen, dass das Verstehen der Auswirkungen einer Trennung, die Priorisierung der Selbstheilung und das Setzen realistischer Erwartungen entscheidende Schritte sind, um nach dem Ende einer Beziehung voranzukommen. Indem man die emotionalen Auswirkungen anerkennt, Selbstfürsorge praktiziert, über gewonnene Erkenntnisse nachdenkt und erreichbare Erwartungen setzt, kann man den Heilungsprozess steuern und gestärkt daraus hervorgehen.

2

Unsere Gefühle annehmen

Unsere Gefühle anzunehmen bedeutet, anzuerkennen, dass wir unsere emotionalen Erfahrungen verstehen und akzeptieren. Es geht darum, sich unseren Emotionen zu stellen und mit ihnen umzugehen, anstatt sie zu unterdrücken oder zu leugnen. Indem wir unsere Gefühle annehmen, schaffen wir einen Raum für emotionale Authentizität und Selbstmitgefühl, der das allgemeine Wohlbefinden und das persönliche Wachstum fördert.

In der heutigen schnelllebigen und oft stressigen Welt kann es verlockend sein, unsere Gefühle zu ignorieren oder abzutun. Dies kann jedoch negative Folgen für unsere geistige und körperliche Gesundheit haben. Emotionen sind ein wesentlicher Bestandteil des Menschseins und dienen als wertvolle Hinweise und Indikatoren für unsere Bedürfnisse und Wünsche.

Wenn wir unsere Gefühle annehmen, entwickeln wir ein tieferes Verständnis für uns selbst. Indem wir unsere Emotionen anerkennen und akzeptieren, gewinnen wir Einblick in unser Reaktionsverhalten und die zugrunde liegenden Motivationen. Dieses Selbstbewusstsein ermöglicht es uns, fundiertere Entscheidungen zu treffen und Maßnahmen zu ergreifen, die unseren Werten und Bestrebungen entsprechen.

Indem wir unsere Gefühle annehmen, fördern wir auch Selbstmitgefühl. Anstatt uns selbst dafür zu verurteilen oder zu kritisieren, dass wir bestimmte Emotionen erleben, begegnen wir uns selbst mit Freundlichkeit und Verständnis. Diese Praxis trägt dazu bei, Selbstkritik, Scham und Selbstvorwürfe zu reduzieren und fördert stattdessen Selbstakzeptanz und Selbstliebe. Es wird zu einer Möglichkeit, uns selbst zu ernähren und die emotionale Unterstützung zu geben, die wir brauchen.

Darüber hinaus können wir durch die Akzeptanz unserer Gefühle gesündere Beziehungen zu anderen aufbauen. Wenn wir mit unseren Emotionen in Berührung kommen, können wir effektiver und einfühlsamer kommunizieren. Wir können unsere Bedürfnisse, Wünsche und Grenzen besser ausdrücken und entwickeln eine tiefere emotionale Intimität mit unseren Mitmenschen.

Es ist wichtig zu beachten, dass das Umarmen unserer Gefühle nicht bedeutet, in Negativität zu schwelgen oder sich von unseren Emotionen kontrollieren zu lassen. Es bedeutet, mit Neugier, Mitgefühl und Achtsamkeit an unsere emotionalen Erfahrungen heranzugehen. Wir können Techniken wie das Führen eines Tagebuchs über tiefe Atemmeditation und das Gespräch mit vertrauenswürdigen Freunden oder Therapeuten üben, um unsere Emotionen auf gesunde Weise zu erforschen und zu verstehen.

Indem wir unsere Gefühle annehmen, schaffen wir Raum für persönliches Wachstum und Transformation. Unsere Emotionen können als Katalysatoren für Veränderungen dienen und uns dabei helfen, Bereiche unseres Lebens zu identifizieren, die möglicherweise Aufmerksamkeit oder Anpassung erfordern. Sie können uns dabei helfen, erfüllende Beziehungen, sinnvolle Arbeit und ein Leben anzustreben, das unseren Werten und Zielen entspricht.

2.1 Sich selbst erlauben zu trauern: Trauer ist ein natürlicher und notwendiger Prozess, den wir durchlaufen, wenn wir einen Verlust oder eine bedeutende Veränderung im Leben erleben. Es ist eine emotionale und oft herausfordernde Reise, die es uns ermöglicht, unseren Verlust zu heilen und zu verarbeiten. Uns zu erlauben, zu trauern, ist für unser emotionales Wohlbefinden und unsere allgemeine psychische Gesundheit von entscheidender Bedeutung.

Hier sind einige wichtige Punkte, die Sie über den Trauerprozess verstehen sollten:

1. Den Verlust anerkennen: Der erste Schritt im Trauerprozess besteht darin, die Realität des Verlustes anzuerkennen und zu akzeptieren. Dies kann der Verlust eines geliebten Menschen, einer Beziehung, eines Arbeitsplatzes, eines Haustieres oder sogar der Verlust eines wichtigen Traums oder einer wichtigen Erwartung sein. Es ist wichtig, unsere Gefühle zu bestätigen und uns die Erlaubnis zu geben, die Emotionen zu spüren, die mit dem Verlust einhergehen.

2. Emotionen annehmen: Trauer beinhaltet das Erleben einer

breiten Palette von Emotionen wie Traurigkeit, Wut, Schuldgefühle, Verwirrung und sogar Erleichterung. Es ist entscheidend, dass wir uns erlauben, diese Emotionen vollständig zu erleben, anstatt sie zu unterdrücken oder zu leugnen. Trauer kommt oft in Wellen und es ist normal, dass es dabei gute und schlechte Tage gibt.

3. Unterstützung finden: Während des Trauerprozesses kann es hilfreich sein, Unterstützung von anderen zu suchen. Dazu können Selbsthilfegruppen von Freunden, Familienangehörigen oder sogar professionelle Therapeuten gehören. Das Teilen unserer Gefühle und Erfahrungen mit vertrauenswürdigen Personen kann in einer schwierigen Zeit Trost, Bestätigung und ein Gefühl der Verbundenheit vermitteln.

4. Den Verlust würdigen: Wege zu finden, den Verlorenen zu ehren und sich daran zu erinnern, ist ein wichtiger Teil des Trauerprozesses. Dies kann durch Rituale geschehen, durch die Schaffung eines Gedenkens durch das Schreiben von Briefen oder durch die Teilnahme an Aktivitäten, die von persönlicher Bedeutung sind. Den Verlust zu würdigen hilft uns, die Erinnerungen zu bewahren und uns auf einen Ort der Akzeptanz zuzubewegen.

5. Auf sich selbst achten: Trauer kann körperlich und emotional anstrengend sein. In dieser Zeit ist es wichtig, der Selbstfürsorge Priorität einzuräumen. Dazu gehört, sich ausreichend auszuruhen, sich gut zu ernähren, sich an Aktivitäten zu beteiligen, die Freude bereiten, und bei Bedarf professionelle Hilfe in Anspruch zu nehmen. Wenn wir auf uns selbst achten, können wir den Trauerprozess mit Kraft und Belastbarkeit meistern.

6. Zeit lassen: Trauer hat keinen festen Zeitplan. Es ist für jeden anders und es gibt keine „richtige" Art zu trauern. Es ist wichtig, uns die nötige Zeit und den Raum zu geben, um zu heilen. Es ist nicht ungewöhnlich, dass der Prozess Monate oder sogar Jahre dauert. Geduld und Selbstmitgefühl sind auf dieser Reise von entscheidender Bedeutung.

7. Einen Sinn finden und weitermachen: Während wir uns allmählich durch den Trauerprozess bewegen, beginnen wir, einen Sinn in unserem Verlust zu finden und ihn in unser Leben zu integrieren. Es geht nicht darum, das Verlorene zu vergessen oder zu ersetzen, sondern vielmehr darum, einen Weg zu finden, es weiterzuführen und gleichzeitig neue Erfahrungen zu machen. Dies ermöglicht es uns, Resilienz zu finden und an unserer Trauer zu wachsen.

2.2 Umgang mit Wut und Groll: Der Umgang mit Wut und Groll kann eine Herausforderung sein, ist aber für unser geistiges und emotionales Wohlbefinden von entscheidender Bedeutung. Lassen Sie uns einige Strategien und Beispiele untersuchen, um diese Emotionen effektiv zu bewältigen.

1. Üben Sie Selbstwahrnehmung: Der erste Schritt im Umgang mit Wut und Groll besteht darin, sich dieser Emotionen in sich selbst bewusst zu werden. Nehmen Sie sich die Zeit, zu bemerken, wenn Sie wütend oder verärgert sind, und identifizieren Sie die Grundursachen oder Auslöser. Wenn Sie beispielsweise jedes Mal wütend werden, wenn Sie jemand beim Sprechen unterbricht, können Sie sich dieses Musters bewusst werden und verstehen, warum es Sie stört.

2. Identifizieren und drücken Sie die zugrunde liegenden Emotionen aus: Wut und Groll sind oft sekundäre Emotionen, die tiefere Gefühle wie Traurigkeit, Angst oder Schmerz verdecken. Es ist wichtig, diese zugrunde liegenden Emotionen zu erkennen und anzuerkennen, um sie wirksam anzugehen. Wenn Ihr Groll gegen einen Freund beispielsweise darauf zurückzuführen ist, dass Sie sich vernachlässigt fühlen, können Sie versuchen, Ihr Bedürfnis nach Aufmerksamkeit oder einer schönen Zeit mit ihm zum Ausdruck zu bringen, anstatt den Ärger aufkeimen zu lassen.

3. Kommunizieren Sie selbstbewusst: Offene und ehrliche Kommunikation ist entscheidend, um Ärger und Groll zu bekämpfen. Wenn Sie Ihre Gefühle, Bedürfnisse und Grenzen klar zum Ausdruck bringen, können Sie verhindern, dass diese Emotionen eskalieren. Wenn Ihr Partner beispielsweise ständig zu spät zu Verabredungen erscheint, kann es zu einem verständnisvolleren und rücksichtsvolleren Vorgehen führen, indem er in aller Ruhe zum Ausdruck bringt, wie sehr Sie sich dadurch missachtet fühlen.

4. Üben Sie Vergebung: Das Festhalten an Wut und Groll kann sich negativ auf Ihr eigenes Wohlbefinden auswirken. Vergebung bedeutet nicht, die Handlungen, die Sie verletzt haben, zu vergessen oder zu dulden, sondern es ermöglicht Ihnen, negative Emotionen loszulassen und vorwärts zu gehen. Wenn beispielsweise ein Kollege Ihre Arbeit anerkennt, kann eine Vergebung dazu beitragen, den Groll abzubauen und ein gesünderes Arbeitsumfeld zu schaffen.

5. Finden Sie gesunde Möglichkeiten: Sich an Aktivitäten zu

beteiligen, die es Ihnen ermöglichen, aufgestauten Ärger und Groll loszulassen, kann von Vorteil sein. Beispiele hierfür sind körperliche Übungen wie Laufen oder Boxen, das Üben von Achtsamkeit oder Meditation, das Aufzeichnen Ihrer Gefühle oder die Beschäftigung mit Hobbys, die Ihnen Freude bereiten. Diese Möglichkeiten können Ihnen helfen, Ihre Emotionen positiv zu verwalten und zu kanalisieren.

6. Suchen Sie Unterstützung: Wenn der Umgang mit Wut und Groll überwältigend wird, kann es hilfreich sein, sich Unterstützung zu holen. Freunde, Familienangehörige oder professionelle Berater können Orientierungshilfen und Ratschläge geben, wie man mit diesen herausfordernden Emotionen umgeht. Sie können Ihnen auch einen Raum bieten, in dem Sie Ihren Gefühlen Luft machen und sie verarbeiten können.

Denken Sie daran, dass jeder manchmal Wut und Groll empfindet. Es ist jedoch wichtig, mit diesen Emotionen auf gesunde und konstruktive Weise umzugehen. Indem Sie Selbstbewusstsein üben, Ihre Gefühle selbstbewusst ausdrücken, gesunde Ventile finden und bei Bedarf Unterstützung suchen, können Sie Wut und Groll effektiv bewältigen und das emotionale Wohlbefinden fördern.

2.3 Trauer und Verlust verarbeiten: Die Verarbeitung von Traurigkeit und Verlust ist eine emotionale Reise, die Menschen durchlaufen, wenn sie belastende Ereignisse erleben oder tiefe Trauer über einen schweren Verlust verspüren. Es geht darum, die mit Traurigkeit verbundenen Emotionen anzuerkennen und damit umzugehen und Wege zu finden, damit umzugehen und zu heilen.

Hier ein paar Beispiele, die den Prozess der Trauer- und Verlustverarbeitung verdeutlichen:

1. Trauer um den Tod eines geliebten Menschen:
Wenn jemand den Tod eines geliebten Menschen erlebt, durchläuft er oft Phasen der Trauer wie Verleugnung, Wut, Depression und schließlich Akzeptanz. Diese Person könnte eine große Traurigkeit verspüren, schreien, sich von sozialen Aktivitäten zurückziehen und eine Reihe von Emotionen erleben. Um diesen Verlust zu verarbeiten, muss man sich erlauben, die Traurigkeit zu spüren, über die verstorbene Person zu sprechen, Unterstützung von anderen zu suchen und Wege zu finden, ihr Andenken zu ehren.

2. Emotionale Heilung nach einer Trennung:
Nach dem Ende einer wichtigen romantischen Beziehung könnte eine Person Traurigkeit, Herzschmerz und ein Gefühl des Verlustes verspüren. Um diese Traurigkeit zu verarbeiten, muss man sich erlauben, um die Beziehung zu trauern, mit Freunden oder einem Therapeuten über seine Gefühle zu sprechen, sich an Aktivitäten zur Selbstfürsorge zu beteiligen und nach und nach ein neues Leben ohne den ehemaligen Partner aufzubauen.

3. Umgang mit einem Arbeitsplatzverlust:
Der Verlust eines Arbeitsplatzes kann Gefühle von Traurigkeit, Unsicherheit und Sinnlosigkeit auslösen. Um diese Traurigkeit zu verarbeiten, kann es erforderlich sein, die Emotionen anzuerkennen und zu akzeptieren, Freunde oder einen Berufs-

berater um Unterstützung zu bitten, neue Arbeitsmöglichkeiten oder Karrierewege zu erkunden und sich an Aktivitäten zu beteiligen, die das Selbstwertgefühl stärken und ein Erfolgserlebnis vermitteln.

4. Umgang mit einem traumatischen Ereignis:

Traumatische Ereignisse wie eine Naturkatastrophe oder ein lebensbedrohlicher Vorfall können zu Traurigkeit, Angst und Verlustgefühlen führen. Um diese Traurigkeit zu verarbeiten, muss man sich erlauben, zu trauern und bei Bedarf professionelle Hilfe in Anspruch zu nehmen. Dazu kann die Teilnahme an einer Therapie, der Beitritt zu Selbsthilfegruppen, das Üben von Entspannungstechniken und die schrittweise Arbeit an der Wiederherstellung der persönlichen Sicherheit und Belastbarkeit gehören.

5. Enttäuschung und Misserfolg verarbeiten:

Wenn Menschen Rückschläge, Misserfolge oder unerfüllte Erwartungen erleben, verspüren sie möglicherweise Traurigkeit und ein Gefühl des Verlustes. Um diese Emotionen zu verarbeiten, muss man sich erlauben, die Enttäuschung zu spüren und zu akzeptieren, über die Erfahrung nachzudenken, daraus zu lernen, neue Ziele zu setzen und Motivation zu finden, weiterzumachen.

In all diesen Beispielen geht es bei der Verarbeitung von Traurigkeit und Verlust darum, die mit Traurigkeit verbundenen Emotionen anzuerkennen und zu erleben, Unterstützung zu suchen, sich um sich selbst zu kümmern und gesunde Bewältigu ngsstrategien zu finden, um zu heilen und voranzukommen. Der Prozess kann von Person zu Person unterschiedlich sein und einige Zeit in Anspruch nehmen, aber letztendlich zielt er darauf ab, emotionales Wachstum und Genesung zu fördern.

2.4 Akzeptanz und Vergebung finden:

Akzeptanz und Vergebung zu finden ist ein Prozess, der oft nach der Erfahrung eines Konflikts, einer Verletzung oder eines Verrats stattfindet. Dazu gehört, den Schmerz oder das Fehlverhalten anzuerkennen, negative Emotionen loszulassen und eine gesündere und mitfühlendere Denkweise anzunehmen. Hier sind einige wichtige Schritte, um Akzeptanz und Vergebung zu finden:

1. Erkennen Sie Ihre Gefühle an: Beginnen Sie damit, Ihre Gefühle in Bezug auf die Situation zu erkennen und zu verstehen. Dazu können Gefühle von Wut, Traurigkeit, Verrat oder Groll gehören. Erlaube dir, diese Emotionen ohne Urteil zu spüren.

2. Üben Sie Selbstreflexion: Nehmen Sie sich Zeit, über Ihre eigene Rolle in der Situation und Ihre eigenen Fehler oder Unzulänglichkeiten nachzudenken. Selbstbewusstsein hilft Ihnen, Ihr Handeln besser zu verstehen und kann zu persönlichem Wachstum führen.

3. Suchen Sie Unterstützung: Sprechen Sie mit einem vertrauenswürdigen Freund, Familienmitglied oder Therapeuten über Ihre Gefühle und Erfahrungen. Es kann unglaublich hilfreich sein, Ihre Gedanken und Gefühle mit jemandem zu teilen, der Sie unterstützen und eine andere Perspektive bieten kann.

4. Lassen Sie Groll los: Das Festhalten an Groll verewigt

nur negative Gefühle und kann den Akzeptanz- und Vergebungsprozess behindern. Arbeiten Sie daran, Bitterkeit, Wut oder Groll loszulassen, indem Sie Mitgefühl und Verständnis üben.

5. Fühlen Sie sich in die andere Person hinein: Versuchen Sie, die Motivationskämpfe oder Umstände zu verstehen, die die andere Person möglicherweise zu verletzendem Verhalten veranlasst haben. Die Situation aus ihrer Perspektive zu betrachten, kann Empathie und Mitgefühl fördern und es einfacher machen, sich in Richtung Vergebung zu bewegen.

6. Schließen Sie Frieden mit der Vergangenheit: Akzeptieren Sie, dass das, was passiert ist, nicht geändert werden kann. Sich über die Vergangenheit Gedanken zu machen oder sich zu wünschen, sie wäre anders, wird Ihr Leiden nur verlängern. Konzentrieren Sie sich auf den gegenwärtigen Moment und arbeiten Sie daran, eine bessere Zukunft für sich aufzubauen.

7. Grenzen setzen: Legen Sie bei Bedarf klare Grenzen für die Zukunft fest, um sich vor potenziellem Schaden oder weiteren Verletzungen zu schützen. Dazu kann es gehören, den Kontakt einzuschränken oder die Art der Beziehung neu zu bewerten.

8. Üben Sie Selbstfürsorge: Nehmen Sie an Aktivitäten teil, die Ihnen Freude und Heilung bringen. Kümmern Sie sich um Ihr körperliches, emotionales und spirituelles Wohlbefinden, indem Sie Selbstpflegerituale praktizieren, wie z. B. Übungsmeditationen, Tagebuch führen oder Hobbys nachgehen.

3

Selbstfürsorge und Selbstliebe

Selbstfürsorge und Selbstliebe sind zwei wichtige Konzepte, bei denen es darum geht, sich körperlich, geistig und emotional um sich selbst zu kümmern. Dabei geht es darum, das eigene Wohlbefinden in den Vordergrund zu stellen und eine positive Beziehung zu sich selbst aufzubauen.

Unter Selbstfürsorge versteht man Handlungen und Praktiken, die das allgemeine Wohlbefinden und die Selbstverbesserung fördern. Es geht darum, sich die Zeit zu nehmen, sich an Aktivitäten zu beteiligen, die dabei helfen, die eigenen körperlichen, emotionalen und geistigen Bedürfnisse zu befriedigen. Dazu können Aktivitäten gehören wie ausreichend Schlaf, gute Ernährung, regelmäßige Pausen, das Setzen von Grenzen, Hobbys, das Üben von Entspannungstechniken und die Suche nach Unterstützung oder Beratung bei Bedarf. Zur Selbstfürsorge gehört auch das Erkennen und Respektieren der eigenen Gefühle, Emotionen und Grenzen.

Selbstliebe hingegen ist die Praxis, sich selbst bedingungslos zu akzeptieren und eine positive Wertschätzung für sich selbst zu haben. Es geht darum, sich selbst mit Freundlichkeit, Mitgefühl und Respekt zu behandeln. Bei Selbstliebe geht es darum, den eigenen Wert anzuerkennen und zu verstehen, dass man Glück, Respekt und positive Erfahrungen verdient. Es zeichnet sich dadurch aus, dass Sie ein positives Selbstbild pflegen, Selbstakzeptanz üben und Ihre Stärken und Schwächen ohne hartes Urteil annehmen. Bei der Selbstliebe geht es auch darum, die eigenen Bedürfnisse zu priorisieren und gesunde Grenzen zu setzen, um Ihr Wohlbefinden zu schützen.

Sowohl Selbstfürsorge als auch Selbstliebe sind miteinander verbunden und ergänzen sich gegenseitig. Durch die Ausübung von Selbstfürsorgepraktiken können Sie sich selbst pflegen und pflegen, was wiederum die Selbstliebe fördert. Wenn Sie sich die Zeit nehmen, Ihrem Wohlbefinden Priorität einzuräumen, senden Sie sich selbst die starke Botschaft, dass Sie der Liebe und Fürsorge würdig sind.

Selbstfürsorge und Selbstliebe können zahlreiche Vorteile haben. Sie können dazu beitragen, Ihre allgemeine Gesundheit und Ihr Wohlbefinden zu verbessern, Stress abzubauen, die Belastbarkeit zu steigern, das Selbstwertgefühl zu steigern, das Selbstbewusstsein zu steigern und eine positive Einstellung zu fördern. Sie ermöglichen es Ihnen auch, sich in der Beziehungsarbeit und in anderen Lebensbereichen von Ihrer besten Seite zu zeigen.

Es ist wichtig zu beachten, dass Selbstfürsorge und Selbstliebe fortlaufende Praktiken und keine einmaligen Ereignisse sind. Es erfordert konsequente Anstrengung und Bewusstsein, um

Ihre Bedürfnisse zu priorisieren und sich selbst Mitgefühl und Fürsorge zu zeigen. Indem Sie Selbstfürsorge und Selbstliebe zu einer Priorität machen, können Sie eine gesündere und erfüllendere Beziehung zu sich selbst aufbauen, die zu einem glücklicheren und ausgeglicheneren Leben führt.

3.1 Priorisieren des körperlichen Wohlbefindens: Das Priorisieren des körperlichen Wohlbefindens bedeutet, dass der Erhaltung und Verbesserung der körperlichen Gesundheit und Fitness große Bedeutung beigemessen wird. Dabei geht es darum, sich gesunde Gewohnheiten anzueignen, sich regelmäßig körperlich zu betätigen und bewusste Entscheidungen für die Pflege des eigenen Körpers zu treffen. Hier sind einige wichtige Punkte, die Sie berücksichtigen sollten, wenn Sie dem körperlichen Wohlbefinden Priorität einräumen:

1. Regelmäßige Bewegung: Regelmäßige körperliche Aktivität ist für das allgemeine Wohlbefinden unerlässlich. Es hilft, die Muskeln zu stärken, die Herz-Kreislauf-Gesundheit zu verbessern, die Flexibilität und das Gleichgewicht zu verbessern und die Stimmung und das Energieniveau zu steigern. Finden Sie Aktivitäten, die Ihnen Spaß machen, und integrieren Sie sie in Ihre Routine, sei es Gehen, Laufen, Schwimmen, Radfahren, Tanzen oder jede andere Form von Bewegung, die Ihren Vorlieben und Fähigkeiten entspricht.

2. Ausgewogene Ernährung: Eine ausgewogene Ernährung ist entscheidend für die Erhaltung der körperlichen Gesundheit. Nehmen Sie eine Vielzahl nährstoffreicher Lebensmittel in Ihre Mahlzeiten auf, z. B. Obst, Gemüse, Vollkornprodukte, mageres Eiweiß und gesunde Fette. Stellen Sie sicher, dass Sie

ausreichend Flüssigkeit zu sich nehmen, indem Sie den ganzen Tag über ausreichend Wasser trinken, und beschränken Sie den Verzehr von verarbeiteten Lebensmitteln, zuckerhaltigen Getränken und ungesunden Snacks.

3. Ausreichender Schlaf: Ausreichend guter Schlaf ist für die körperliche Gesundheit und das Wohlbefinden von entscheidender Bedeutung. Streben Sie jede Nacht 7–9 Stunden ununterbrochenen Schlaf an. Legen Sie einen regelmäßigen Schlafplan fest, schaffen Sie eine entspannende Schlafenszeit und sorgen Sie dafür, dass Ihre Schlafumgebung angenehm ist und einen erholsamen Schlaf fördert.

4. Stressmanagement: Chronischer Stress wirkt sich negativ auf die körperliche Gesundheit aus. Finden Sie gesunde Wege, um mit Stress umzugehen, indem Sie beispielsweise Entspannungstechniken anwenden (z. B. Atemübungen, Meditation, Yoga, Hobbys nachgehen, Zeit in der Natur verbringen oder bei Bedarf Unterstützung von Ihren Lieben oder professioneller Hilfe in Anspruch nehmen). Sich um Ihr geistiges Wohlbefinden zu kümmern, hat einen direkten Einfluss auf Ihr körperliches Wohlbefinden.

5. Regelmäßige Kontrolluntersuchungen: Es ist wichtig, mit Ihrem Arzt einen Termin für Routineuntersuchungen zu vereinbaren. Diese Besuche können dazu beitragen, potenzielle Gesundheitsprobleme frühzeitig zu erkennen und entsprechende Interventionen einzuleiten. Stellen Sie außerdem sicher, dass Sie über die für Ihre Altersgruppe und Ihr Geschlecht empfohlenen Impfungen und Vorsorgeuntersuchungen auf dem Laufenden sind.

6. Vermeidung schädlicher Substanzen: Beschränken oder vermeiden Sie den Konsum von Substanzen wie Tabak, übermäßigem Alkohol und illegalen Drogen, da diese schädliche Auswirkungen auf Ihre körperliche Gesundheit haben können. Suchen Sie professionelle Hilfe auf, wenn Sie Hilfe bei der Beendigung oder Bewältigung des Substanzkonsums benötigen.

7. Selbstfürsorge: Nehmen Sie an Aktivitäten teil, die Selbstfürsorge und Entspannung fördern. Nehmen Sie sich regelmäßig Zeit für sich selbst, sei es durch Hobbys, geselliges Beisammensein mit Ihren Lieben, kreative Beschäftigung mit Lesen oder andere Aktivitäten, die Ihnen Freude bereiten und Ihnen helfen, neue Energie zu tanken.

Denken Sie daran, dass die Priorisierung des körperlichen Wohlbefindens ein kontinuierlicher Prozess ist und Beständigkeit und Engagement erfordert. Kleine, nachhaltige Änderungen der Lebensgewohnheiten können zu erheblichen Verbesserungen Ihrer allgemeinen Gesundheit und Ihres Wohlbefindens führen.

3.2 Unsere emotionale Gesundheit fördern:

Die Förderung unserer emotionalen Gesundheit ist entscheidend für unser allgemeines Wohlbefinden und Glück. Es geht darum, auf unsere Emotionen zu achten, sie zu verstehen und gesunde Wege zu finden, mit ihnen umzugehen und sie auszudrücken. Hier sind einige Strategien zur Förderung Ihrer emotionalen Gesundheit:

1. Üben Sie Selbstwahrnehmung: Achten Sie auf Ihre Emotionen

und die damit verbundenen Gedanken und Verhaltensweisen. Nehmen Sie sich Zeit zur Selbstreflexion und verstehen Sie, warum Sie sich auf eine bestimmte Weise fühlen.

2. Emotionen identifizieren und ausdrücken: Es ist wichtig, Ihre Emotionen zu identifizieren und anzuerkennen. Erlaube dir, sie ohne Urteil zu fühlen. Finden Sie gesunde Wege, Ihre Gefühle auszudrücken und zu kommunizieren, z. B. indem Sie ein Tagebuch führen, mit einem vertrauenswürdigen Freund sprechen oder sich kreativen Aktivitäten wie Malen oder Tanzen widmen.

3. Üben Sie die emotionale Regulierung: Lernen Sie Strategien, um Ihre Emotionen effektiv zu verwalten. Dazu gehören Achtsamkeitstechniken, tiefe Atemübungen oder Aktivitäten, die Ihnen Freude und Entspannung bringen.

4. Suchen Sie Unterstützung: Umgeben Sie sich mit einem unterstützenden Netzwerk aus Freunden, Familie oder einem Therapeuten, der Ihnen bei Bedarf ermutigende Ratschläge und ein offenes Ohr geben kann. Wenn Sie Ihre Gefühle mit jemandem teilen, dem Sie vertrauen, können Sie sich unterstützt und bestätigt fühlen.

5. Nehmen Sie an Aktivitäten zur Selbstfürsorge teil: Nehmen Sie sich Zeit für sich selbst und nehmen Sie an Aktivitäten teil, die Ihnen Freude bereiten und Stress abbauen. Dazu kann das Ausüben von Hobbys, der Aufenthalt in der Natur oder die Anwendung von Entspannungstechniken wie Meditation oder Yoga gehören.

3.3 Selbstmitgefühl üben:

Selbstmitgefühl zu üben bedeutet, sich selbst gegenüber freundlich und verständnisvoll zu sein, insbesondere in Zeiten des Scheiterns oder der Schwierigkeiten im Kampf. Dabei geht es darum, sich selbst mit der gleichen Wärme, dem gleichen Verständnis und der gleichen Fürsorge zu behandeln, die Sie einem engen Freund oder geliebten Menschen entgegenbringen würden. Hier sind einige Möglichkeiten, Selbstmitgefühl zu kultivieren:

1. Üben Sie Selbstfreundlichkeit: Gönnen Sie sich selbst Freundlichkeit, Verständnis und Selbstakzeptanz. Bieten Sie sich statt harter Selbstverurteilung ermutigende und unterstützende Worte an. Seien Sie sanft und nachsichtig mit sich selbst, wenn Sie Herausforderungen oder Rückschlägen gegenüberstehen.

2. Achtsamkeit kultivieren: Seien Sie im Moment präsent und beobachten Sie Ihre Gedanken und Gefühle ohne zu urteilen. Erlaube dir, schwierige Emotionen zu erleben, ohne zu versuchen, sie zu unterdrücken oder zu vermeiden. Seien Sie sich Ihrer Selbstgespräche bewusst und hinterfragen Sie alle negativen oder selbstkritischen Gedanken.

3. Erkennen Sie die gemeinsame Menschlichkeit an: Denken Sie daran, dass jeder im Kampf Misserfolge und Unvollkommenheiten erlebt. Erkennen Sie, dass Sie mit Schwierigkeiten nicht allein sind. Erkennen Sie an, dass es normal ist, Fehler zu machen und Mängel zu haben.

4. Fördern Sie ein Gefühl der Verbundenheit: Kultivieren Sie

ein Gefühl der Verbundenheit mit anderen, indem Sie erkennen, dass wir alle die menschliche Erfahrung teilen. Beteiligen Sie sich an Handlungen der Empathie und des Mitgefühls gegenüber anderen, die auch zu Ihrem eigenen Selbstmitgefühl beitragen können.

5. Üben Sie Selbstfürsorge: Geben Sie Ihrem Wohlbefinden Priorität, indem Sie sich an Selbstfürsorgeaktivitäten beteiligen, die Ihre körperliche, emotionale und geistige Gesundheit fördern.

3.4 Unsere Leidenschaften und Hobbys wiederentdecken:

Die Wiederentdeckung unserer Leidenschaften und Hobbys kann eine transformierende Erfahrung sein, die Freude, Sinn und Erfüllung in unser Leben zurückbringt. Dabei geht es darum, uns wieder mit Aktivitäten und Interessen zu verbinden, die wir aus verschiedenen Gründen wie beruflichen Verpflichtungen oder persönlichen Umständen möglicherweise vernachlässigt oder vergessen haben.

Die Wiederentdeckung unserer Leidenschaften und Hobbys ermöglicht es uns, unsere natürlichen Talente zu nutzen, unsere Kreativität zu erkunden und uns an Aktivitäten zu beteiligen, die uns Freude und Erfüllung bringen. Es kann uns helfen, uns zu entspannen, Stress abzubauen und unser geistiges Wohlbefinden zu verbessern. Wenn wir Aktivitäten ausüben, die uns leidenschaftlich am Herzen liegen, geraten wir in einen Zustand des Flusses, in dem die Zeit wie im Flug zu vergehen scheint und wir völlig in den gegenwärtigen Moment eintauchen.

Es gibt mehrere Gründe, warum wir den Kontakt zu unseren Leidenschaften und Hobbys verlieren könnten. Ein häufiger Grund sind die Anforderungen unseres geschäftigen Lebens. Da wir uns auf unsere Karriere, Familie oder andere Verpflichtungen konzentrieren, neigen wir dazu, unsere Freizeitaktivitäten in den Hintergrund zu rücken. Mit der Zeit vergessen wir vielleicht sogar die Dinge, die uns einst Freude bereiteten.

Ein weiterer Grund ist, dass sich unsere Interessen und Prioritäten im Laufe der Zeit ändern können. Was uns einmal begeistert hat, übt möglicherweise nicht mehr den gleichen Reiz aus, oder wir entwickeln möglicherweise neue Interessen und Leidenschaften, die Vorrang haben. Es ist wichtig zu erkennen, dass sich unsere Leidenschaften und Hobbys weiterentwickeln können und wir sollten offen sein für die Erkundung neuer Aktivitäten, die mit unseren aktuellen Werten und Wünschen übereinstimmen.

Um unsere Leidenschaften und Hobbys wiederzuentdecken, können wir mehrere proaktive Schritte unternehmen. Zunächst ist es hilfreich, über unsere früheren Interessen nachzudenken und herauszufinden, was uns in der Vergangenheit Freude bereitet hat. Diese Selbstreflexion kann uns oft dabei helfen, Aktivitäten oder Hobbys zu identifizieren, die wir wieder aufleben lassen können. Darüber hinaus können wir neue Aktivitäten erkunden und neue Dinge ausprobieren, um zu sehen, ob sie bei uns Anklang finden.

Es ist wichtig, sich Zeit für unsere Leidenschaften und Hobbys zu nehmen. Es ist wichtig, der Selbstfürsorge Priorität einzuräumen und sich Zeit für Aktivitäten zu nehmen, die uns Freude bereiten. Dies kann bedeuten, dass wir jede Woche bestimmte Tage oder Stunden reservieren oder unsere Hobbys bewusst in unsere täglichen Routinen integrieren.

Es kann auch wertvoll sein, eine Gemeinschaft oder gleichgesinnte Personen zu finden, die unsere Interessen teilen. Die Teilnahme an Aktivitäten mit anderen vermittelt nicht nur ein Gefühl der Verbundenheit und Kameradschaft, sondern schafft auch Möglichkeiten für Lernfortschritt und Zusammenarbeit. Der Beitritt zu Clubs, Organisationen oder Online-Communities, die sich auf unsere Leidenschaften konzentrieren, kann ein unterstützendes Umfeld bieten, in dem wir unsere Erfahrungen teilen und von anderen lernen können.

Schließlich ist es wichtig, die Neugier zu wecken und die Wiederentdeckung von Leidenschaften und Hobbys unvoreingenommen anzugehen. Es ist in Ordnung, verschiedene Aktivitäten auszuprobieren und verschiedene Interessen zu erkunden, bevor wir diejenigen finden, die uns wirklich ansprechen. Unsere Leidenschaften und Hobbys können sich im Laufe der Zeit weiterentwickeln und es ist wichtig, bei unserem Streben nach Freude und Erfüllung flexibel und anpassungsfähig zu bleiben.

Zusammenfassend lässt sich sagen, dass die Wiederentdeckung unserer Leidenschaften und Hobbys eine kraftvolle Reise der Selbstfindung und des persönlichen Wachstums sein kann. Indem wir uns an Aktivitäten beteiligen, die uns Freude bereiten, können wir eine Zielstrebigkeit entwickeln, Stress reduzieren und unser allgemeines Wohlbefinden steigern. Es ist nie zu spät, sich wieder mit unseren Leidenschaften zu verbinden und die Aktivitäten anzunehmen, die unser Leben erhellen.

4

Aufbau eines unterstützenden Netzwerks

Der Aufbau eines unterstützenden Netzwerks bezieht sich auf den Prozess des bewussten Aufbaus und der Pflege von Verbindungen zu Personen, die in verschiedenen Lebensbereichen emotionale Unterstützung, Anleitung und Ermutigung bieten. Dieses Netzwerk kann aus Freunden, Familienmitgliedern, Kollegen, Mentoren oder anderen Gleichgesinnten bestehen, die ähnliche Interessen, Ziele oder Herausforderungen teilen.

Hier sind einige wichtige Aspekte beim Aufbau eines unterstützenden Netzwerks:

1. Identifizieren Sie Ihre Bedürfnisse: Zunächst müssen Sie erkennen, welche Bereiche Ihres Lebens Unterstützung benötigen. Ganz gleich, ob es sich um Karriereberatung, persönliches Wachstum, emotionales Wohlbefinden oder spezifische Fähigkeiten handelt, die genau auf Ihre Bedürfnisse zugeschnitten sind – wir werden Ihnen dabei helfen, die richtigen Leute zu finden, die Sie in Ihr Netzwerk aufnehmen können.

2. Suchen Sie nach Gleichgesinnten: Suchen Sie nach Personen, die ähnliche Interessen, Werte oder Ziele teilen. Es sollten Menschen sein, mit denen Sie in Kontakt kommen und die Ihre Ziele verstehen und wertschätzen. Sie können über soziale Gruppen, Online-Communities, Berufsverbände oder Networking-Events gefunden werden.

3. Stellen Sie sinnvolle Verbindungen her: Beim Aufbau eines unterstützenden Netzwerks geht es nicht nur darum, so viele Kontakte wie möglich zu sammeln. Konzentrieren Sie sich auf den Aufbau sinnvoller Beziehungen zu Personen, denen Ihr Wohlbefinden wirklich am Herzen liegt und die wertvolle Erkenntnisse und Unterstützung bieten können. Für den Aufbau dieser Verbindungen ist eine regelmäßige und offene Kommunikation unerlässlich.

4. Bieten Sie Unterstützung und Gegenseitigkeit an: Ein unterstützendes Netzwerk ist keine Einbahnstraße. Seien Sie bereit, Ihr unterstützendes Wissen und Ihre Ermutigung anderen in Ihrem Netzwerk anzubieten. Indem Sie eine wertvolle Ressource für andere sind, können Sie Ihre Verbindungen stärken und eine für beide Seiten vorteilhafte Dynamik fördern.

5. Seien Sie proaktiv und pflegen Sie regelmäßigen Kontakt: Der Aufbau eines unterstützenden Netzwerks erfordert kontinuierliche Anstrengungen und regelmäßige Kommunikation. Nehmen Sie Kontakt zu Ihren Netzwerkmitgliedern auf, vereinbaren Sie Treffen, besuchen Sie gemeinsam Veranstaltungen und bleiben Sie über das Leben der anderen auf dem Laufenden. Diese Proaktivität trägt dazu bei, die Beziehungen zu pflegen und aufrechtzuerhalten.

6. Suchen Sie nach vielfältigen Perspektiven: Das Hinzufügen von Diversität zu Ihrem Support-Netzwerk kann unglaublich vorteilhaft sein.   Suchen Sie nach Personen mit unterschiedlichen Hintergründen, Erfahrungen und Standpunkten. Ihre vielfältigen Perspektiven können neue Erkenntnisse bieten, Ihr Denken herausfordern und Ihren Horizont erweitern.

7. Berücksichtigen Sie Mentoren und Vorbilder: Mentoren und Vorbilder können eine entscheidende Rolle in Ihrem unterstützenden Netzwerk spielen. Sie können Ihnen Orientierungsratschläge geben und ihre Erfahrungen weitergeben, um Sie bei der Bewältigung von Herausforderungen und beim Erreichen Ihrer Ziele zu unterstützen. Suchen Sie nach Personen, die über Fachwissen in einem Bereich verfügen, den Sie weiterentwickeln möchten, und wenden Sie sich respektvoll an sie, um Mentoring oder Beratung anzufordern.

Beim Aufbau eines unterstützenden Netzwerks geht es insgesamt darum, sich mit Menschen zu umgeben, denen Ihr Wohlbefinden und Ihr Erfolg wirklich am Herzen liegen. Diese Personen können emotionale Unterstützung bieten, wertvolle Ratschläge geben, Ressourcen austauschen und sogar Türen zu neuen Möglichkeiten öffnen. Durch die aktive Pflege und Pflege von Beziehungen zu einem vielfältigen und unterstützenden Netzwerk können Sie Ihr persönliches und berufliches Wachstum fördern.

4.1 Suche nach professioneller Hilfe und Beratung:

Die Suche nach professioneller Hilfe und Beratung ist ein wesentlicher Schritt, um Ihr Selbstverständnis zu vertiefen und herausfordernde Situationen zu meistern. Professionelle Therapeuten, Psychologen und Berater sind darin ausgebildet, Menschen mit psychischen, emotionalen oder Beziehungsproblemen zu unterstützen und zu beraten.

Wenn Sie professionelle Hilfe suchen, ist es wichtig, einen Therapeuten oder Berater zu finden, bei dem Sie sich wohl fühlen und dem Sie vertrauen. Sie schaffen einen sicheren und vertraulichen Raum, in dem Sie Ihre Gedanken, Gefühle und Erfahrungen erkunden können. Durch verschiedene therapeutische Techniken können sie Ihnen helfen, Einsichten zu gewinnen, Bewältigungsstrategien zu entwickeln und positive Veränderungen in Ihrem Leben herbeizuführen.

Therapie oder Beratung können ein breites Spektrum an Problemen ansprechen, darunter unter anderem Depressionen, Angstzustände, Traumata, Beziehungskonflikte, geringes Selbstwertgefühl und Sucht. Ein erfahrener Therapeut wird mit Ihnen zusammenarbeiten, um Ihre individuelle Situation zu verstehen und die Behandlung auf Ihre spezifischen Bedürfnisse abzustimmen.

4.2 Wiederverbindung mit Freunden und Familie:

Die erneute Kontaktaufnahme mit Freunden und Familie kann ein sinnvoller Schritt sein, um Ihre Kontakte zu vertiefen und Unterstützung zu finden. Die Beziehungen, die wir zu unseren Lieben haben, wirken sich erheblich auf unser allgemeines Wohlbefinden aus. Es kommt jedoch häufig vor, dass Beziehungen im Laufe der Zeit vor Herausforderungen stehen oder auseinanderfallen.

Indem Sie sich an Freunde und Familie wenden, schaffen Sie Möglichkeiten für offene Kommunikation, Verständnis und emotionale Unterstützung. Das Teilen Ihrer Erfahrungen, Gedanken und Gefühle mit vertrauenswürdigen Personen kann ein Gefühl der Bestätigung vermitteln und das Gefühl der Isolation lindern. Darüber hinaus kann der Kontakt zu geliebten Menschen Sie an die positiven Eigenschaften Ihrer Beziehungen erinnern und das Zugehörigkeitsgefühl stärken.

Der Wiederaufbau und die Pflege dieser Beziehungen erfordern möglicherweise Anstrengungen beider Parteien. Ehrliches Verzeihen und Einfühlungsvermögen können dazu beitragen, vergangene Verletzungen zu heilen und stärkere Verbindungen zu fördern. Regelmäßige Kommunikation, gemeinsame gemeinsame Zeit und die Teilnahme an gemeinsamen Aktivitäten können dazu beitragen, diese Beziehungen im Laufe der Zeit aufrechtzuerhalten und zu stärken.

4.3 Beitritt zu Selbsthilfegruppen und Communities:

Der Beitritt zu Selbsthilfegruppen und Gemeinschaften kann von unschätzbarem Wert sein, wenn Sie tieferes Verständnis und Unterstützung suchen. Diese Gruppen bestehen typischerweise aus Personen, die ähnliche Erfahrungen machen oder vor ähnlichen Herausforderungen stehen. Sie schaffen einen Raum, in dem Menschen Kontakte knüpfen, ihre Geschichten teilen und sich gegenseitig Unterstützung und Ermutigung bieten können.

Selbsthilfegruppen gibt es für verschiedene Zwecke, darunter psychische Gesundheit, Sucht, Genesung, Trauer und Verlust, chronische Krankheiten und Beziehungsprobleme. Sie bieten ein vorurteilsfreies Umfeld, in dem die Teilnehmer ihre Gedanken und Gefühle frei äußern können und wissen, dass sie verstanden und akzeptiert werden.

Die Zugehörigkeit zu einer Selbsthilfegruppe kann ein Gefühl der Zugehörigkeit vermitteln, das Gefühl der Isolation verringern und wertvolle Einblicke und Bewältigungsstrategien von anderen liefern, die mit ähnlichen Situationen konfrontiert waren. Durch den Austausch von Erfahrungen und das Anhören der Perspektiven anderer können Sie neue Erkenntnisse und Werkzeuge gewinnen, um Ihre eigenen Herausforderungen zu meistern.

4.4 Gesunde Beziehungen pflegen:

Die Pflege gesunder Beziehungen ist entscheidend für persönliches Wachstum und Wohlbefinden. Gesunde Beziehungen zeichnen sich durch offene Kommunikation, Respekt, Vertrauen, Empathie und gegenseitige Unterstützung aus. Diese Beziehungen tragen zu unserem emotionalen und mentalen Wohlbefinden bei und vermitteln ein Gefühl von Sicherheit, Kameradschaft und Verständnis.

Um gesunde Beziehungen zu pflegen, ist es wichtig, sich der eigenen Bedürfnisgrenzen und Werte bewusst zu sein. Effektive Kommunikationsfähigkeiten wie aktives Zuhören, ehrliches Ausdrücken von Emotionen und Einfühlungsvermögen sind wesentliche Werkzeuge für den Aufbau und die Aufrechterhaltung gesunder Verbindungen.

Gegenseitiger Respekt spielt eine wichtige Rolle in gesunden Beziehungen. Dabei geht es darum, die Grenzen, Werte und Meinungen des anderen zu respektieren und sich gegenseitig als Individuen mit einzigartigen Erfahrungen und Perspektiven zu akzeptieren. Vertrauen, das durch Beständigkeit, Zuverlässigkeit und Ehrlichkeit aufgebaut wird, ist ebenfalls von grundlegender Bedeutung für das Wachstum und die Aufrechterhaltung gesunder Beziehungen.

Es ist wichtig zu verstehen, wie wichtig Selbstfürsorge in Beziehungen ist. Wenn Sie Ihrem Wohlbefinden Priorität einräumen, können Sie sich in Ihren Beziehungen von Ihrer besten Seite zeigen und sicherstellen, dass Ihre Bedürfnisse erfüllt werden. Darüber hinaus kann das Setzen gesunder Grenzen und die Suche nach Kompromissen bei Konflikten zur allgemeinen Gesundheit und Langlebigkeit Ihrer Beziehungen beitragen.

5

Unsere Identität neu definieren

Im Prozess der Neudefinition unserer Identität durchlaufen wir eine transformative Reise, die Selbstbeobachtung und bewusste Veränderungen in der Art und Weise beinhaltet, wie wir uns selbst, unsere Werte und unseren Platz in der Welt wahrnehmen.

Hier sind fünf Schlüsselaspekte, die wir bei der Neudefinition unserer Identität berücksichtigen sollten:

1. Reflexion: Nehmen Sie sich die Zeit, über Ihre früheren Erfahrungen, Entscheidungen und Überzeugungen nachzudenken. Stellen Sie die Aspekte Ihrer Identität in Frage, die Sie nicht mehr ansprechen oder sich nicht mehr authentisch anfühlen. Berücksichtigen Sie Ihre Werte, Interessen, Stärken und Leidenschaften. Das Nachdenken über diese Aspekte kann Einblicke in die Änderungen geben, die Sie möglicherweise vornehmen möchten.

2. Selbstfindung: Nehmen Sie an Aktivitäten teil, die es Ihnen ermöglichen, Ihr wahres Selbst zu entdecken. Dazu kann

gehören, neue Hobbys auszuprobieren, ehrenamtlich zu reisen oder sich von Mentoren oder Therapeuten beraten zu lassen. Selbstfindung hilft Ihnen, ungenutzte Talente, Stärken und Interessen zu entdecken, die zu einer erfüllteren Identität führen können.

3. Werte und Überzeugungen: Bewerten Sie Ihre Werte und Überzeugungen. Passen sie zu dem, was Sie jetzt sind, oder haben sie sich im Laufe der Zeit weiterentwickelt? Überlegen Sie, ob Ihre Überzeugungen und Werte Ihr authentisches Selbst widerspiegeln und zu Ihrem allgemeinen Wohlbefinden beitragen. Wenn Sie Ihre Identität mit Ihren Werten in Einklang bringen, können Sie mehr Harmonie und ein bewussteres und zweckorientierteres Leben erreichen.

4. Gesellschaftliche Erwartungen in Frage stellen: Gesellschaftliche Normen und Erwartungen beeinflussen oft unsere Identität. Um Ihre Identität neu zu definieren, müssen Sie diese äußeren Einflüsse hinterfragen und feststellen, ob sie mit Ihrem authentischen Selbst übereinstimmen. Es kann sein, dass Sie den gesellschaftlichen Druck loslassen und Ihre wahren Wünsche annehmen müssen, auch wenn diese von der Norm abweichen.

5. Veränderungen annehmen: Die Neudefinition Ihrer Identität ist ein Prozess, der Veränderung und Wachstum beinhaltet. Akzeptieren Sie das Unbehagen, das mit Veränderungen einhergeht, da sie auf Fortschritt und persönliche Entwicklung hinweisen. Seien Sie offen für neue Erfahrungsperspektiven und Möglichkeiten, die Ihre sich entwickelnde Identität prägen können.

Wenn Sie sich auf die Reise der Neudefinition Ihrer Identität begeben, denken Sie daran, dass es sich um einen persönlichen und fortlaufenden Prozess handelt. Ihre Identität kann sich weiterentwickeln, wenn Sie neue Erkenntnisse, Erfahrungen und Selbstbewusstsein gewinnen. Nutzen Sie die Gelegenheit, sich selbst neu zu entdecken und zu definieren und Ihr authentisches Selbst zum Vorschein zu bringen.

5.1 Nachdenken über persönliches Wachstum und Entwicklung:

Um über persönliches Wachstum und Entwicklung nachzudenken, müssen Sie sich die Zeit nehmen, Ihre Fortschritte, Erfolge und Herausforderungen zu bewerten und zu analysieren. Es ist eine Gelegenheit, sich selbst bewusst zu werden, Bereiche mit Verbesserungspotenzial zu identifizieren und Ihre Erfolge zu feiern. Dieser Prozess ermöglicht es Ihnen zu verstehen, wie weit Sie mit dem Gelernten gekommen sind und wie Sie sich als Individuum weiterentwickelt haben.

Wenn Sie über persönliches Wachstum und Entwicklung nachdenken, ist es wichtig, verschiedene Aspekte Ihres Lebens zu untersuchen, einschließlich Ihrer Beziehungen, Ihrer Karriere, Ihrer Ausbildung, Ihrer Gesundheit und Ihrer persönlichen Interessen. Berücksichtigen Sie die Fähigkeiten, die Sie erworben haben, das erworbene Wissen und die Werte und Überzeugungen, die Sie gestärkt oder verändert haben.

Indem Sie über Ihr persönliches Wachstum nachdenken, können Sie Muster und Themen in Ihrem Verhalten und Ihrer Denkweise erkennen. Sie können auch die Wirksamkeit Ihrer Strategien,

Gewohnheiten und Ziele bewerten. Diese Selbstreflexion ermöglicht es Ihnen, bewusste Anpassungen und Verbesserungen vorzunehmen, die letztendlich zu weiterem persönlichem Wachstum und persönlicher Entwicklung führen.

5.2 Neubewertung von Zielen und Bestrebungen:

Die Neubewertung von Zielen und Bestrebungen ist ein Prozess der Neubewertung und Neudefinition dessen, was Sie im Leben erreichen möchten. Während Sie wachsen und sich weiterentwickeln, können sich Ihre Ziele und Bestrebungen verschieben oder sich ganz verändern. Es ist wichtig, Ihre Ziele regelmäßig zu überprüfen und zu aktualisieren, um sicherzustellen, dass sie mit Ihren sich entwickelnden Werten, Interessen und Umständen im Einklang bleiben.

Bei der Neubewertung von Zielen und Bestrebungen ist es hilfreich, deren Relevanz und Bedeutung für Ihr Leben zu analysieren. Überlegen Sie, ob sie noch Ihre wahren Wünsche und Leidenschaften widerspiegeln. Bewerten Sie, ob sie mit Ihren aktuellen Prioritäten, Stärken und Fähigkeiten übereinstimmen.

Dieser Prozess ermöglicht es Ihnen, Ziele loszulassen, die Ihnen nicht mehr dienen, und Raum für neue zu schaffen, die Ihren aktuellen Ambitionen entsprechen. Es gibt Ihnen auch die Möglichkeit, bestehende Ziele zu verfeinern, um sie spezifischer, messbarer, erreichbarer, relevanter und zeitgebundener zu machen (SMART). Indem Sie Ihre Ziele und Bestrebungen neu bewerten, können Sie sicherstellen, dass Sie auf das hinarbeiten, was Ihnen wirklich wichtig ist.

5.3 Erkundung neuer Interessen und Möglichkeiten:

Das Erkunden neuer Interessen und Möglichkeiten ist ein wesentlicher Bestandteil des persönlichen Wachstums und der persönlichen Entwicklung. Es geht darum, die eigene Komfortzone zu verlassen, Neues anzunehmen und nach Erlebnissen zu suchen, die den eigenen Horizont erweitern. Indem Sie neue Interessen und Möglichkeiten erkunden, können Sie Ihr Wissen, Ihre Fähigkeiten und Ihre Perspektiven erweitern.

Um neue Interessen zu entdecken, können Sie neue Hobbys ausprobieren, verschiedene Aktivitäten ausüben oder Themen oder Bereichen nachgehen, die Sie schon immer fasziniert haben. Diese von Neugier getriebene Erkundung kann zu persönlichem Wachstum führen, indem sie Sie mit neuen Ideen, Herausforderungen und Denkweisen konfrontiert.

Ebenso ermöglicht Ihnen die Suche nach neuen Möglichkeiten, Ihren Horizont beruflich, gesellschaftlich oder persönlich zu erweitern. Dies kann bedeuten, dass Sie bei der Arbeit neue Projekte in Angriff nehmen, sich mit Menschen unterschiedlicher Herkunft vernetzen oder nach Erfahrungen suchen, die Sie über Ihre Komfortzone hinausbringen. Indem Sie diese Möglichkeiten nutzen, können Sie neue Fähigkeiten entwickeln, neue Beziehungen aufbauen und wertvolle Erfahrungen sammeln, die zu Ihrem persönlichen Wachstum und Ihrer Entwicklung beitragen.

5.4 Veränderung und Transformation annehmen:

Veränderung und Transformation sind natürliche Aspekte des Lebens und ihre Akzeptanz ist entscheidend für persönliches Wachstum und Entwicklung. Wenn Sie Veränderungen annehmen, erkennen Sie, dass sie eine Chance für Wachstum, Lernen und Selbstfindung sind. Es ermöglicht Ihnen, sich an neue Herausforderungen und Chancen anzupassen.

Um Veränderungen anzunehmen, müssen Sie eine flexible Denkweise entwickeln, die offen für neue Möglichkeiten ist und bereit ist, alte Muster, Überzeugungen und Gewohnheiten loszulassen, die Ihnen nicht mehr dienen. Es erfordert die Bereitschaft, die eigene Komfortzone zu verlassen und das Unbekannte anzunehmen.

Transformation hingegen ist ein tieferer und tiefgreifenderer Prozess. Dabei geht es um erhebliche persönliche Veränderungen, die sich auf verschiedene Aspekte Ihres Lebens auswirken können, beispielsweise auf Ihre Identität, Überzeugungen, Werte und Verhaltensweisen. Transformation geschieht oft durch Selbstreflexion, Selbsterkenntnis und gezielte persönliche Entwicklungsbemühungen.

Indem Sie Veränderungen und Transformationen annehmen, können Sie persönliches Wachstum und Entwicklung auf einer tiefgreifenden Ebene erleben. Es ermöglicht Ihnen, sich kontinuierlich weiterzuentwickeln, aus neuen Erfahrungen zu lernen und die beste Version Ihrer selbst zu werden. Es öffnet auch Türen zu neuen Chancen, Beziehungen und Möglichkeiten, die vorher vielleicht nicht zugänglich waren.

Abschließend lässt sich sagen, dass das Nachdenken über persönliches Wachstum und die persönliche Entwicklung, das Neubewerten von Zielen und Bestrebungen, das Erkunden neuer Interessen und Möglichkeiten sowie das Annehmen von Veränderungen und Transformationen integrale Bestandteile eines erfüllten und sich weiterentwickelnden Lebens sind. Sie ermöglichen es Ihnen, selbstbewusster zu werden, Ihre Ziele mit Ihren Werten in Einklang zu bringen, Ihren Horizont zu erweitern und sich an die sich ständig verändernde Welt um Sie herum anzupassen.

6

Die Vergangenheit loslassen

Unter „Loslassen der Vergangenheit" versteht man den Prozess, vergangene Ereignisse, Erfahrungen oder Beziehungen, die uns möglicherweise auf irgendeine Weise zurückhalten, zu akzeptieren und hinter uns zu lassen. Es geht darum, uns von emotionalem Ballast und Bindungen zu befreien, die uns daran hindern, die Gegenwart vollständig anzunehmen und eine bessere Zukunft zu schaffen.

Die Vergangenheit birgt oft viele positive und negative Erinnerungen. Während positive Erinnerungen geschätzt werden und als Quelle des Glücks dienen können, sind es die negativen Erfahrungen, die in unseren Gedanken und Herzen zurückbleiben und Schmerz, Groll und Bedauern verursachen können. Das Verharren auf diesen negativen Aspekten kann dazu führen, dass wir in einem Teufelskreis des Unglücklichseins stecken bleiben und uns daran hindern, persönliches Wachstum und Erfüllung zu erfahren.

Beim Loslassen der Vergangenheit geht es nicht darum, das

Geschehene zu vergessen oder zu leugnen. Stattdessen ist es eine bewusste Entscheidung, die emotionalen Belastungen loszulassen, die mit vergangenen Ereignissen verbunden sind. Dazu gehört zu akzeptieren, dass wir die Vergangenheit nicht ändern können, aber wir können die Art und Weise ändern, wie wir sie betrachten und darauf reagieren. Indem wir loslassen, schaffen wir Raum für heilende Vergebung und persönliche Transformation.

Es gibt mehrere Gründe, warum das Loslassen der Vergangenheit für unser Wohlbefinden wichtig ist:

1. Emotionale Freiheit: Das Festhalten an der Vergangenheit kann zu negativen Emotionen wie Wut, Traurigkeit und Groll führen. Durch das Loslassen können wir diese Emotionen loslassen und emotionale Freiheit erfahren, die es uns ermöglicht, uns mit einer positiveren Einstellung auf die Gegenwart und Zukunft zu konzentrieren.

2. Persönliches Wachstum: Indem wir die Vergangenheit loslassen, können wir uns für persönliches Wachstum und Selbstverbesserung öffnen. Wir können aus unseren vergangenen Erfahrungen lernen, Widerstandskraft entwickeln und sie als Sprungbrett nutzen, um eine bessere Version von uns selbst zu werden.

3. Verbesserte Beziehungen: Das Tragen emotionalen Ballasts aus der Vergangenheit kann sich negativ auf unsere Beziehungen auswirken. Loslassen ermöglicht es uns, neue Beziehungen mit einer neuen Denkweise anzugehen und zu vermeiden, unsere vergangenen Verletzungen auf andere zu projizieren.

Es ermöglicht uns auch, denen aus unserer Vergangenheit zu vergeben und uns mit ihnen zu versöhnen, zerbrochene Beziehungen zu reparieren und gesündere Verbindungen zu fördern.

4. Erhöhtes Glück: Das Loslassen vergangener Lasten kann zu einem größeren Gefühl von Glück und Zufriedenheit führen. Es ermöglicht uns, uns auf den gegenwärtigen Moment zu konzentrieren und die positiven Aspekte unseres Lebens zu schätzen, anstatt uns von vergangenen Bedauern oder Beschwerden belasten zu lassen.

Das Loslassen der Vergangenheit ist zwar vorteilhaft, aber nicht immer einfach. Es erfordert Selbstreflexion, Selbstmitgefühl und manchmal professionelle Unterstützung. Strategien wie das Führen von Selbstpflegetagebüchern, die Suche nach einer Therapie und die Anwendung von Achtsamkeitstechniken können den Prozess des Loslassens und des Vorankommens unterstützen.

Beim Loslassen der Vergangenheit geht es letztendlich darum, uns aus ihrem Griff zu befreien und die Möglichkeiten der Gegenwart und Zukunft anzunehmen. Es befähigt uns, ein Leben zu schaffen, das nicht von unserer Vergangenheit bestimmt wird, sondern von unserer Fähigkeit geprägt ist, zu lernen, zu wachsen und Freude an der Reise zu finden.

6.1 Umgang mit Auslösern und Erinnerungen:

Auslöser sind Ereignisse, Situationen oder auch Gedanken, die intensive emotionale Reaktionen oder Erinnerungen an vergangene Erfahrungen auslösen. Der Umgang mit Auslösern ist ein wesentlicher Schritt zum emotionalen und mentalen Wohlbefinden.

Für den effektiven Umgang mit Auslösern ist es entscheidend, ein Bewusstsein zu entwickeln und die Muster zu erkennen, die zu auslösenden Situationen führen. Dies kann eine Selbstref lexionstherapie oder die Suche nach der Unterstützung vertrauenswürdiger Personen umfassen. Wenn wir die Grundursachen von Auslösern verstehen, können wir sie identifizieren und Strategien entwickeln, um mit ihren Auswirkungen umzugehen oder sie zu minimieren.

Auch der Einsatz von Bewältigungsmechanismen wie Achtsamkeit oder Erdungstechniken kann bei der Begegnung mit Auslösern hilfreich sein. Bei diesen Techniken geht es darum, sich auf den gegenwärtigen Moment zu konzentrieren, die Sinne anzusprechen und sich unserer Umgebung bewusst zu werden, um die Aufmerksamkeit vom auslösenden Ereignis oder der Erinnerung abzulenken.

Darüber hinaus kann die Entwicklung gesunder Bewältigu ngsmechanismen wie das Aufzeichnen von Kunsttherapie-Tagebüchern oder die Teilnahme an körperlichen Aktivitäten eine Möglichkeit bieten, angestaute Emotionen loszulassen und die Auswirkungen von Auslösern zu reduzieren. Es ist wichtig zu bedenken, dass die Auslöser und Bewältigungsm echanismen bei jedem unterschiedlich sein können. Daher ist es wichtig, herauszufinden, was für jeden Einzelnen am besten funktioniert.

6.2 Aus ungesunden Mustern ausbrechen:

Ungesunde Muster sind sich wiederholende Verhaltensweisen, Gedanken oder Reaktionen, die sich nachteilig auf unser Wohlbefinden auswirken. Um sich von diesen Mustern zu befreien, bedarf es der Entschlossenheit, sich selbst bewusst zu sein und der Bereitschaft, positive Veränderungen herbeizuführen. Hier sind einige Schritte, die Sie berücksichtigen sollten:

1. Erkennen Sie die Muster: Der erste Schritt besteht darin, die spezifischen ungesunden Muster zu identifizieren. Dabei kann es sich um Muster von Selbstsabotage, negativem Denken, destruktiven Beziehungen oder Suchtverhalten handeln. Sie anzuerkennen und zu verstehen ist wichtig, um sich zu befreien.

2. Selbstreflexion: Die Selbstreflexion hilft, Erkenntnisse darüber zu gewinnen, warum diese Muster existieren und welchen Zweck sie in unserem Leben erfüllen. Das Verständnis der zugrunde liegenden Emotionen, Überzeugungen oder Traumata kann Klarheit schaffen und es uns ermöglichen, diese Muster in Frage zu stellen und zu ändern.

3. Setzen Sie neue Absichten: Sobald wir die Muster verstanden haben, können wir uns bewusst neue Absichten und Ziele setzen. Dabei geht es darum, eine Vision des gewünschten Verhaltens oder der gewünschten Denkweise zu entwickeln und kleine Schritte in diese Richtung zu unternehmen.

4. Suchen Sie Unterstützung: Sich von ungesunden Mustern zu befreien, kann eine Herausforderung sein, und die Suche nach Unterstützung von vertrauenswürdigen Freunden, Familie oder Fachleuten kann äußerst hilfreich sein. Therapie oder

Beratung können Orientierungshilfen und Techniken bieten, um zugrunde liegende Probleme anzugehen und den Veränderungsprozess zu unterstützen.

5. Üben Sie Selbstfürsorge: Die Teilnahme an regelmäßigen Selbstfürsorgeaktivitäten wie Bewegung, Meditation, ausreichend Schlaf und gesunder Ernährung kann die Widerstandsfähigkeit stärken und eine solide Grundlage für die Befreiung von ungesunden Mustern bieten.

6.3 Entgiftung unserer Umwelt und sozialen Medien:

Unsere Umwelt, einschließlich unserer physischen Umgebung und der von uns konsumierten Medien, kann einen erheblichen Einfluss auf unser Wohlbefinden haben. Um unsere Umwelt zu entgiften, müssen wir bewusste Entscheidungen treffen, um einen positiveren, erhebenden und gesünderen Raum zu schaffen. Hier sind ein paar Vorschläge:

1. Räumen Sie auf und organisieren Sie: Die Beseitigung physischer Unordnung in unseren Wohn- und Arbeitsbereichen kann ein Gefühl der Ruhe schaffen und die Konzentration verbessern. Die Organisation Ihrer Habseligkeiten und die Schaffung einer sauberen Umgebung schaffen eine friedlichere Atmosphäre.

2. Umgeben Sie sich mit positiven Einflüssen: Wenn wir uns mit positiv unterstützenden und aufbauenden Menschen umgeben, kann dies unser geistiges und emotionales Wohlbefinden verbessern. Suchen Sie nach Menschen, die uns inspirieren, uns ermutigen und herausfordern, zu wachsen.

3. Begrenzen Sie den Kontakt mit negativen Medien: Social-Media-Nachrichten- und Unterhaltungsplattformen können uns mit negativen oder giftigen Inhalten bombardieren. Wenn wir auf die Medien achten, die wir konsumieren, und Grenzen für unsere Zeit vor dem Bildschirm setzen, kann dies erhebliche Auswirkungen auf unsere geistige und emotionale Gesundheit haben. Folgen Sie Accounts, die negative Gefühle oder Vergleiche fördern, nicht mehr oder schalten Sie sie stumm und folgen Sie stattdessen Accounts, die inspirieren und aufmuntern.

4. Engagieren Sie sich in der Natur: Zeit in der Natur zu verbringen hat zahlreiche gesundheitliche Vorteile, darunter die Reduzierung von Stress und die Verbesserung der Stimmung. Die Einbeziehung von Naturspaziergängen, Wanderungen oder Gartenarbeit in unseren Alltag kann dazu beitragen, unsere Umwelt zu entgiften und eine erfrischende Flucht aus der digitalen Welt zu ermöglichen.

5. Praktizieren Sie digitalen Minimalismus: Pausen von sozialen Medien oder digitalen Geräten können sich positiv auf unser geistiges und emotionales Wohlbefinden auswirken. Legen Sie festgelegte Zeiten für die digitale Entgiftung fest, trennen Sie sich von unnötigen Benachrichtigungen und legen Sie gesunde Grenzen beim Einsatz von Technologie fest.

6.4 Den Abschluss finden und voranschreiten:

Das Finden eines Abschlusses ist ein wesentlicher Teil des Heilungsprozesses, der es uns ermöglicht, voranzukommen und positive Veränderungen in unserem Leben herbeizuführen. Hier sind einige Schritte, um einen Abschluss zu finden:

1. Akzeptanz: Erkennen und akzeptieren Sie die Realität der Situation oder Erfahrung, die einen Abschluss erfordert. Dazu gehört es, die damit verbundenen Emotionen zu erkennen und uns zu erlauben, sie ohne Urteil zu fühlen.

2. Reflektieren und lernen: Denken Sie über die Lehren und Erkenntnisse nach, die Sie aus der Erfahrung gewonnen haben. Konzentrieren Sie sich auf persönliches Wachstum und darauf, wie diese Erfahrung eine bessere Zukunft gestalten kann.

3. Emotionen ausdrücken: Finden Sie gesunde Wege, mit der Situation verbundene Emotionen auszudrücken und loszulassen. Dazu kann es gehören, mit einem vertrauenswürdigen Freund oder Therapeuten zu sprechen, in ein Tagebuch zu schreiben oder sich künstlerisch auszudrücken.

4. Vergeben und loslassen: Vergebung ist ein wirksames Werkzeug, um einen Abschluss zu finden. Das bedeutet nicht, das Geschehene zu vergessen oder zu dulden, sondern vielmehr, die damit verbundene negative Energie und den Groll loszulassen. Vergebung ist ein Prozess, der oft Zeit und Selbstmitgefühl erfordert.

5. Setzen Sie sich Ziele und erstellen Sie eine neue Erzählung: Legen Sie neue Ziele und Bestrebungen fest, die mit persönlichen Werten und Wünschen übereinstimmen. Die Schaffung einer neuen Erzählung ermöglicht eine Anpassung an das Wachstum und das Streben nach einer erfüllteren Zukunft.

6. Unterstützung suchen: Die Unterstützung von Angehörigen oder Fachleuten kann während des Abschlussprozesses

Orientierung und Ermutigung sein. Therapie oder Beratung können Werkzeuge und Techniken bieten, um den Abschluss zu erleichtern und den weiteren Weg zu unterstützen.

Das Finden eines Abschlusses ist ein persönlicher und einzigartiger Prozess und es kann einige Zeit dauern, bis ein Ort der Akzeptanz und des Friedens erreicht ist. Geduld, Selbstmitgefühl und Ausdauer sind der Schlüssel, um einen Abschluss zu finden und persönliches Wachstum zu ermöglichen.

7

Freude und Sinn wiederentdecken

Die Wiederentdeckung von Freude und Sinnhaftigkeit ist ein transformativer Prozess, um Glück und Sinn im Leben zu finden, selbst wenn man mit Herausforderungen oder Unsicherheit konfrontiert ist. Dabei geht es darum, sich wieder mit den eigenen authentischen Selbstwerten und Leidenschaften zu verbinden und diese mit den täglichen Handlungen und Zielen in Einklang zu bringen.

Um diese Reise zu beginnen, ist Selbstreflexion von entscheidender Bedeutung. Wenn Sie sich die Zeit nehmen, nach innen zu schauen, können Sie verborgene Wünsche, Träume und Bestrebungen entdecken, die möglicherweise von den Anforderungen des täglichen Lebens überschattet wurden. Dabei geht es darum, sich selbst bohrende Fragen zu stellen wie:

1. Welche Aktivitäten oder Hobbys bringen mir Freude und Erfüllung?
2. Welche Werte und Überzeugungen sind mir am wichtigsten?
3. Was sind meine besonderen Stärken und Talente?

4. Was sind meine langfristigen Ziele und Bestrebungen?

Sobald diese Fragen erforscht sind, ist es wichtig, Freude und Sinn in den Alltag zu integrieren. Hier sind einige Strategien, die Sie in Betracht ziehen sollten:

1. Dankbarkeit kultivieren: Dankbarkeit zu praktizieren hilft dabei, den Fokus auf die positiven Aspekte des Lebens zu lenken. Das Führen eines Dankbarkeitstagebuchs oder einfach das Ausdrücken von Wertschätzung für die kleinen Dinge kann dazu beitragen, Freude und Sinnhaftigkeit zu fördern.

2. Nehmen Sie an sinnvollen Aktivitäten teil: Identifizieren Sie Aktivitäten oder Anliegen, die mit Ihren Werten übereinstimmen und ein Gefühl der Erfüllung vermitteln. Dies könnte bedeuten, dass Sie ehrenamtlich als Mentor für andere tätig sind, die einer kreativen Beschäftigung nachgehen oder sich einem neuen Hobby widmen.

3. Setzen Sie sich sinnvolle Ziele: Definieren Sie konkrete Ziele, die Ihre Leidenschaften und Wünsche widerspiegeln. Diese Ziele können von persönlichem Wachstum und Selbstverbesserung bis hin zu einem positiven Einfluss auf die Gemeinschaft oder darüber hinaus reichen. Durch die Aufteilung in kleinere umsetzbare Schritte können sie leichter erreichbar sein.

4. Priorisieren Sie die Selbstfürsorge: Sich um Ihr körperliches, geistiges und emotionales Wohlbefinden zu kümmern, ist wichtig, um Freude und Sinnhaftigkeit wiederzuentdecken. Dazu kann es gehören, Achtsamkeit zu üben, regelmäßig Sport zu treiben, sich gesund zu ernähren und bei Bedarf Unter-

stützung von Angehörigen oder Fachleuten in Anspruch zu nehmen.

5.   Nehmen Sie neue Erfahrungen an: Oft liegt Freude und Sinn darin, die eigene Komfortzone zu verlassen und neue Erfahrungen zu machen. Dazu kann gehören, an neue Orte zu reisen, neue Aktivitäten oder Hobbys auszuprobieren oder neue Fähigkeiten zu erlernen.

6. Umgeben Sie sich mit positiven Einflüssen: Sich mit unterstützenden und gleichgesinnten Menschen zu umgeben, kann dazu beitragen, Freude und Zielstrebigkeit wiederzuentdecken. Suchen Sie nach Gemeinschaften oder Gruppen, die ähnliche Interessen und Werte teilen, da diese ermutigend, inspirierend und ein Zugehörigkeitsgefühl vermitteln können.

7. Nehmen Sie den Prozess an: Freude und Sinn wiederzuentdecken ist eine kontinuierliche Reise und es ist wichtig, auf dem Weg dorthin Geduld mit sich selbst zu haben. Akzeptieren Sie die Höhen und Tiefen, Rückschläge und Durchbrüche, denn sie alle tragen zu persönlichem Wachstum und Erfüllung bei.

Letztendlich geht es bei der Wiederentdeckung von Freude und Sinnhaftigkeit darum, ein Gefühl der Authentizität zu fördern und das eigene Handeln an persönlichen Werten und Wünschen auszurichten. Es erfordert eine Verpflichtung zur Selbstreflexion, zur Erforschung und zum bewussten Leben. Durch diesen Prozess können Einzelpersonen ihr Glück zurückgewinnen, einen Sinn in ihrem Leben finden und eine erfüllendere und zielorientiertere Zukunft schaffen.

7.1 Dankbarkeit und Positivität kultivieren:

Dankbarkeit zu kultivieren bedeutet, die guten Dinge in Ihrem Leben zu erkennen und zu schätzen. Dabei geht es darum, die positiven Aspekte Ihrer alltäglichen Beziehungen und Erfahrungen aktiv anzuerkennen. Diese Praxis kann dazu beitragen, Ihre Sicht auf eine positivere Einstellung zu ändern und Ihr allgemeines Wohlbefinden zu steigern.

Um Dankbarkeit zu fördern, können Sie damit beginnen, ein Dankbarkeitstagebuch zu führen. Schreiben Sie jeden Tag drei bis fünf Dinge auf, für die Sie dankbar sind. Diese Übung ermutigt Sie, sich auf die positiven Aspekte Ihres Lebens zu konzentrieren und hilft dabei, Ihren Geist zu trainieren, die guten Dinge um Sie herum wahrzunehmen.

Sie können sich auch anderen gegenüber bedanken. Nehmen Sie sich die Zeit, den Menschen zu danken, die Ihr Leben positiv beeinflusst haben. Ganz gleich, ob es sich um eine einfache Dankesnotiz, ein herzliches Gespräch oder den persönlichen Ausdruck Ihrer Dankbarkeit handelt – diese Akte der Wertschätzung können Ihre Beziehungen stärken und Ihr positives Gefühl steigern.

7.2 Achtsamkeit und Meditation üben:

Bei Achtsamkeit geht es darum, die Aufmerksamkeit auf den gegenwärtigen Moment zu lenken, ohne zu urteilen oder an Bindungen zu knüpfen. Es kann durch Aktivitäten wie Meditationsyoga oder einfach durch die Aufmerksamkeit auf Ihre täglichen Erfahrungen praktiziert werden.

Regelmäßige Achtsamkeits- und Meditationsübungen können

dazu beitragen, Stress abzubauen, das Selbstbewusstsein zu stärken und das allgemeine Wohlbefinden zu verbessern. Indem Sie sich auf Ihre Atemempfindungen, Gedanken und Emotionen konzentrieren, entwickeln Sie ein Gefühl der Ruhe und des inneren Friedens.

Beginnen Sie damit, jeden Tag eine bestimmte Zeit für Achtsamkeit oder Meditation einzuplanen. Suchen Sie sich einen bequemen und ruhigen Ort, an dem Sie ohne Ablenkung sitzen oder liegen können. Konzentrieren Sie sich zunächst auf Ihren Atem und beobachten Sie dessen Rhythmus und Empfindungen. Wenn Gedanken auftauchen, nehmen Sie sie ohne Urteil zur Kenntnis und richten Sie Ihre Aufmerksamkeit sanft wieder auf Ihren Atem. Mit der Zeit werden Sie Ihre Fähigkeit stärken, präsent zu bleiben und eine achtsamere Herangehensweise an das Leben zu entwickeln.

7.3 Neue Ziele und Träume setzen:

Das Setzen neuer Ziele und Träume ist ein wichtiger Aspekt des persönlichen Wachstums und der persönlichen Erfüllung. Wenn Sie etwas anstreben, gibt Ihnen das einen Sinn und eine Richtung im Leben.

Bei der Festlegung von Zielen ist es wichtig, diese spezifisch, messbar, erreichbar, relevant und zeitgebunden (SMART) zu gestalten. Wenn Sie sie in kleinere umsetzbare Schritte aufteilen, können Sie sie leichter handhaben und Ihre Erfolgschancen erhöhen.

Es ist auch wichtig, dass Sie Ihre Ziele mit Ihren Werten und Leidenschaften in Einklang bringen. Überlegen Sie, was Ihnen wirklich wichtig ist und was Ihnen Spaß macht. Diese Ausrichtung wird Ihre Motivation steigern und Ihren Weg zu Ihren Zielen erfüllender machen.

Überprüfen Sie Ihre Ziele regelmäßig und passen Sie sie bei Bedarf an. Lebensumstände und Prioritäten können sich ändern, daher ist es wichtig, flexibel zu sein und sich entsprechend anzupassen. Feiern Sie Ihre Fortschritte auf dem Weg und seien Sie nicht zu streng mit sich selbst, wenn es zu Rückschlägen kommt. Denken Sie daran, dass Rückschläge Teil des Lernprozesses sind.

7.4 Ein Leben voller Erfüllung und Glück annehmen:
Um ein erfülltes und glückliches Leben zu führen, müssen Sie bewusste Entscheidungen treffen, die Ihren Werten entsprechen und Ihnen Freude und Zufriedenheit bringen. Es geht darum, Sinn und Zweck in Ihren täglichen Erfahrungen zu finden und das Beste aus jedem Moment zu machen.

Um ein erfülltes Leben zu führen, nehmen Sie sich Zeit, Ihre Werte zu erkennen und darüber nachzudenken, was Ihnen wirklich wichtig ist. Diese Selbstreflexion kann Ihnen dabei helfen, Ihre Entscheidungen und Handlungen zu leiten und sicherzustellen, dass sie mit Ihrem authentischen Selbst übereinstimmen.

Pflegen Sie Ihre Beziehungen zu Ihren Lieben. Pflegen Sie tiefe Verbindungen, kommunizieren Sie effektiv und zeigen Sie Ihre Wertschätzung und Unterstützung. Sinnvolle Beziehungen tragen wesentlich zu Glück und Wohlbefinden bei.

Entwickeln Sie Selbstpflegepraktiken, die Ihre körperliche,

emotionale und geistige Gesundheit in den Vordergrund stellen. Dazu können regelmäßige Bewegung, gesunde Ernährung, gute Schlaf- und Entspannungstechniken sowie die Teilnahme an Aktivitäten gehören, die Ihnen Freude und Entspannung bringen.

Nehmen Sie schließlich eine Geisteshaltung an, die von Dankbarkeit, Optimismus und Belastbarkeit geprägt ist. Schätzen Sie den gegenwärtigen Moment, üben Sie Selbstmitgefühl und betrachten Sie Herausforderungen als Wachstumschancen. Indem Sie Positivität kultivieren und die Reise annehmen, können Sie ein Leben schaffen, das erfüllt und voller Glück ist.

8

Dating und sich wieder der Liebe öffnen

Für viele Menschen, die bereits Beziehungen in der Vergangenheit erlebt haben, kann es sowohl aufregend als auch entmutigend sein, sich zu verabreden und sich wieder der Liebe zu öffnen. Es geht darum, in das Reich der Romantik einzutauchen und sich selbst zu erlauben, verletzlich, offen und empfänglich für den Aufbau neuer Verbindungen zu sein. Um unser Verständnis zu vertiefen, wollen wir das Thema weiter untersuchen.

Erstens bezieht sich Dating auf den Prozess der Suche nach potenziellen Liebespartnern mit der Absicht, eine emotionale und/oder körperliche Verbindung aufzubauen. Es ermöglicht Einzelpersonen, neue Leute kennenzulernen, unterschiedliche Perspektiven kennenzulernen und Kompatibilität zu erkunden. Dating kann verschiedene Formen annehmen, sei es durch traditionelle Methoden wie das Treffen von Menschen in sozialen Netzwerken oder durch die Nutzung moderner Tools wie Online-Dating-Apps und Websites.

Wenn sich jemand wieder der Liebe öffnet, nimmt er

die Möglichkeit wahr, eine neue romantische Beziehung aufzubauen, nachdem er emotionale Wunden aus früheren Beziehungen erlitten hat. Sich der Liebe zu öffnen bedeutet, vergangene Verletzungen, Ängste und Zweifel loszulassen und bereit zu sein, einer neuen Partnerschaft zu vertrauen und in sie zu investieren. Dieser Prozess erfordert persönliches Wachstum, Selbstreflexion und die Bereitschaft, Risiken einzugehen.

Für viele Menschen kann es aufgrund früherer Beziehungserfahrungen eine Herausforderung sein, sich zu verabreden und sich wieder der Liebe zu öffnen. Vergangene Verletzungen und Kummer können bei Menschen dazu führen, dass sie sich zurückhaltend fühlen und Angst davor haben, erneut verletzt zu werden. Es ist jedoch wichtig, sich daran zu erinnern, dass die erneute Öffnung für die Liebe eine persönliche Entscheidung und ein entscheidender Teil des persönlichen Wachstums und der emotionalen Heilung ist.

Um sich erfolgreich in der Dating-Welt zurechtzufinden und sich wieder der Liebe zu öffnen, können die folgenden Strategien von Nutzen sein:

1. Selbstreflexion: Nehmen Sie sich die Zeit, Ihre Bedürfnisse und Werte zu verstehen. Denken Sie über vergangene Beziehungen nach, um Erkenntnisse darüber zu gewinnen, was funktioniert hat und was nicht. Dieses Selbstbewusstsein wird Ihnen helfen, fundiertere Entscheidungen beim Dating zu treffen.

2. Heilung und Loslassen: Gönnen Sie sich Zeit, um von vergangenen Wunden zu heilen und alle verbleibenden negativen Emotionen loszulassen. Nehmen Sie an Aktivitäten teil, die die

Selbstfürsorge fördern, suchen Sie bei Bedarf professionelle Hilfe und umgeben Sie sich mit einem unterstützenden Netzwerk.

3. Absichten festlegen: Klären Sie, wonach Sie in einer Beziehung suchen. Seien Sie offen für verschiedene Möglichkeiten, legen Sie aber auch Ihre Grenzen und nicht verhandelbaren Dinge fest. Dies wird Ihnen helfen, den Dating-Prozess fokussiert und zielgerichtet zu steuern.

4. Gehen Sie es langsam an: Gehen Sie keine überstürzte neue Beziehung ein. Nehmen Sie sich die Zeit, die Werte der anderen Person und ihre Kompatibilität mit Ihnen kennenzulernen. Lassen Sie zu, dass sich die Beziehung organisch und in einem Tempo entwickelt, das sich angenehm anfühlt.

5. Offen kommunizieren: Effektive Kommunikation ist der Schlüssel in jeder Beziehung. Seien Sie gegenüber Ihrem potenziellen Partner ehrlich und offen über Ihre Absichten, Erwartungen und etwaige Bedenken. Dadurch werden Vertrauen und Verständnis gefördert.

6. Erwartungen managen: Seien Sie sich darüber im Klaren, dass nicht jedes Date oder jede Beziehung perfekt zusammenpasst. Es ist in Ordnung, auf dem Weg Rückschläge oder Enttäuschungen zu erleben. Seien Sie offen und betrachten Sie jede Erfahrung als Chance für Wachstum und Selbstfindung.

Zusammenfassend lässt sich sagen, dass Dating und die erneute Öffnung für die Liebe ein vielschichtiger Prozess sind, der Selbstreflexion, heilende Absichten, Geduld und effektive Kommunikation erfordert. Indem man sich mit offenem Herzen und offenem Verstand auf diese Reise begibt, kann man Möglichkeiten für sinnvolle Verbindungen schaffen und möglicherweise wieder die Liebe finden.

8.1 Heilung in unserem eigenen Tempo:

Heilung ist für jeden Einzelnen eine zutiefst persönliche und einzigartige Reise. Es ist wichtig zu verstehen, dass Heilung nicht überstürzt oder erzwungen werden kann; es geschieht in seinem eigenen Tempo. Jeder hat unterschiedliche Erfahrungen und Emotionen, die mit seinem Heilungsprozess verbunden sind, und es ist wichtig, den Stand jedes Einzelnen auf seinem Weg zu würdigen und zu respektieren.

Um in unserem eigenen Tempo zu heilen, ist es wichtig, sich selbst bewusst zu sein und im Einklang mit unseren Emotionen und Bedürfnissen zu sein. Das bedeutet, dass wir uns erlauben, unser Schmerztrauma oder unsere Trauer ohne Urteilsvermögen oder Druck zu fühlen und zu verarbeiten. Es erfordert, dass wir uns selbst die Erlaubnis geben, uns die Zeit zu nehmen, die wir brauchen, um zu heilen, ohne unsere Fortschritte mit denen anderer zu vergleichen.

Bei der Heilung in unserem eigenen Tempo geht es auch darum, Grenzen zu setzen und zu erkennen, wann wir von bestimmten Situationen oder Beziehungen, die unseren Heilungsprozess behindern könnten, einen Schritt zurücktreten müssen. Es geht darum, der Selbstfürsorge Priorität einzuräumen und sich auf Aktivitäten und Praktiken zu konzentrieren, die unser Wohlbefinden und unsere Genesung fördern. Dazu kann eine

Therapie gehören, Selbstreflexion, Meditation, Übung, kreative Beschäftigungen oder alles andere, was uns Frieden bringt und uns hilft, uns wieder mit uns selbst zu verbinden.

8.2 Zeit zur Selbstreflexion nehmen:

Selbstreflexion ist ein wichtiges Instrument für persönliches Wachstum und Heilung. Dabei geht es darum, bewusst nach innen zu schauen, unsere Gedanken, Emotionen, Verhaltensweisen und Muster zu untersuchen und ein tieferes Verständnis für uns selbst zu erlangen. Selbstreflexion ermöglicht es uns, aus unseren Erfahrungen zu lernen, unsere Vergangenheit zu verstehen und bewusste Entscheidungen für unsere Zukunft zu treffen.

Sich Zeit zur Selbstreflexion zu nehmen bedeutet, einen ruhigen und sicheren Raum zu schaffen, in dem wir mit unseren Gedanken und Gefühlen allein sein können. Dazu kann es gehören, ein Meditationstagebuch zu führen oder nachdenkliche Gespräche mit vertrauenswürdigen Freunden oder Therapeuten zu führen. Dieser Prozess hilft uns, unsere Stärken, Schwächen, Werte und Bestrebungen zu identifizieren und ermöglicht es uns, unser Handeln an unserem wahren Selbst auszurichten.

Zur Selbstreflexion gehört auch die Auseinandersetzung mit unseren vergangenen Erfahrungen, Traumata oder Wunden mit der Absicht, deren Auswirkungen auf unser gegenwärtiges Leben zu erforschen und zu verstehen. Es geht darum, möglicherweise unterdrückte oder ignorierte Emotionen anzuerkennen und zu verarbeiten und gesündere Wege zu finden, mit ihnen umzugehen.

8.3 Gesunde Beziehungsmuster erkennen:

Bei der Heilung ist es entscheidend, gesunde Beziehungsmuster zu erkennen und anzunehmen. Dabei geht es darum, die Qualitäten und Verhaltensweisen zu identifizieren, die zu positiven und unterstützenden Verbindungen mit anderen beitragen.

Zu gesunden Beziehungsmustern gehören eine offene und ehrliche Kommunikation, Respekt vor Grenzen, gegenseitiges Vertrauen und Empathie. Es geht darum, einen sicheren Raum zu schaffen, in dem sich beide Parteien verstanden und wertgeschätzt fühlen. Zu gesunden Beziehungen gehört auch die Wahrung der Individualität und die Möglichkeit, dass jeder Mensch unabhängig wachsen und sich weiterentwickeln kann.

Das Erkennen gesunder Beziehungsmuster erfordert Selbstbewusstsein und die Bereitschaft, über das eigene Verhalten und dessen Auswirkungen auf andere nachzudenken. Dabei geht es darum, auf Warnsignale oder Anzeichen toxischer Dynamiken wie Co-Abhängigkeit bei Kontrollmanipulation oder Missbrauch zu achten. Wenn wir verstehen, was eine gesunde Beziehung ausmacht, können wir Grenzen setzen, fundierte Entscheidungen treffen und Verbindungen aufbauen, die positiv zu unserer Heilungsreise beitragen.

8.4 Verletzlichkeit und Vertrauen annehmen:

Verletzlichkeit und Vertrauen anzunehmen ist ein wesentlicher Teil des Heilungsprozesses. Dazu gehört, dass wir uns der

Möglichkeit öffnen, verletzt zu werden, uns aber auch erlauben, authentische Verbindungen und tiefes emotionales Wachstum zu erleben.

Verletzlichkeit bedeutet, ehrlich und transparent über unsere Emotionen, Ängste und Bedürfnisse zu sein. Es erfordert, dass wir unsere Komfortzone verlassen und uns erlauben, als unser authentisches Selbst gesehen und gehört zu werden. Wenn wir Verletzlichkeit annehmen, schaffen wir Möglichkeiten für tiefere Verbindungen und Verständnis mit anderen.

Vertrauen ist die Grundlage für gesunde Beziehungen und Heilung. Dazu gehört, Vertrauen in uns selbst und andere zu haben, an die inhärente Güte der Menschen zu glauben und bereit zu sein, vergangene Verletzungen loszulassen. Der Aufbau von Vertrauen erfordert Zeit und konsequente Anstrengung und beginnt oft damit, dass wir uns selbst zuerst vertrauen.

Verletzlichkeit anzunehmen und auf den Heilungsprozess zu vertrauen bedeutet, zu erkennen, dass Heilung Verletzlichkeit erfordert. Es bedeutet, mutige Momente zu finden, um unsere Gefühle auszudrücken, unsere Geschichten zu teilen und Unterstützung von anderen zu suchen. Indem wir Verletzlichkeit und Vertrauen annehmen, schaffen wir ein Umfeld, das Wachstumsresilienz und emotionales Wohlbefinden fördert und letztendlich unseren Heilungsweg unterstützt.

Zusammenfassend lässt sich sagen, dass Heilung Zeit für Selbstreflexion, das Erkennen gesunder Beziehungsmuster und die Akzeptanz von Verletzlichkeit und Vertrauen erfordert. Indem wir uns erlauben, in unserem eigenen Tempo zu heilen, uns

Zeit für Selbstreflexion nehmen, gesunde Beziehungen pflegen und Verletzlichkeit und Vertrauen annehmen, können wir eine solide Grundlage für persönliches Wachstum, Heilung und allgemeines Wohlbefinden schaffen.

9

Eine widerstandsfähige Zukunft schaffen

Um eine widerstandsfähige Zukunft zu schaffen, müssen soziologische und wirtschaftliche Systeminfrastrukturen und Gemeinschaften aufgebaut werden, die verschiedenen Schocks, Krisen und Störungen effektiv standhalten und sich von ihnen erholen können. Resilienz umfasst die Fähigkeit, sich anzupassen, auf Störungen zu reagieren und sich davon zu erholen, sich gleichzeitig zu verändern und aus ihnen zu lernen. Es handelt sich um einen proaktiven Ansatz, der darauf abzielt, Risiken zu antizipieren, Kapazitäten aufzubauen und Nachhaltigkeit zu fördern.

Um den Prozess der Schaffung einer widerstandsfähigen Zukunft genau zu verstehen, können wir die wichtigsten Elemente und Strategien untersuchen:

1. Risikobewertung und -management: Ein umfassendes Verständnis potenzieller Gefahren und Risiken ist von entscheidender Bedeutung. Dabei geht es darum, verschiedene Bedrohun-

gen wie Naturkatastrophen, Klimawandel, Wirtschaftsabschwünge, Ressourcenverknappung oder Pandemien zu identifizieren und zu analysieren. Durch die Bewertung von Schwachstellen und Gefährdungen können geeignete Risikomanagementstrategien entwickelt und umgesetzt werden.

2. Infrastruktur- und Systemdesign: Resiliente Infrastrukturen und Systeme sind unerlässlich, um Schocks standzuhalten und sich von ihnen zu erholen. Dazu gehört die Gestaltung von Gebäuden und kritischen Lebensadern (Transport, Energie, Wasser, Kommunikation), die robust, anpassungsfähig und in der Lage sind, während und nach Notfällen zu funktionieren. Darüber hinaus kann die Integration erneuerbarer Energiequellen, intelligenter Technologien und dezentraler Systeme die Widerstandsfähigkeit verbessern.

3. Diversifizierung und Redundanz: Der Aufbau von Resilienz erfordert die Vermeidung von Abhängigkeiten von einem einzelnen Ressourcensektor oder geografischen Gebiet. Zur Diversifizierung gehört die Entwicklung mehrerer Energiequellen, Nahrungsmittel, Wasser und Lieferketten. Durch die Betonung von Redundanz wie Backup-Systemen, alternativen Routen und redundanter Speicherung können die Auswirkungen von Störungen abgemildert und die Kontinuität sichergestellt werden.

4. Sozialer Zusammenhalt und gesellschaftliches Engagement: Starke soziale Netzwerke und gesellschaftliches Engagement sind für die Widerstandsfähigkeit von entscheidender Bedeutung. Gemeinschaften, die vertrauensvolle Zusammenarbeit und gegenseitige Unterstützung fördern, sind besser gerüstet, um in Krisen gemeinsam zu reagieren. Die Stärkung lokaler

Interessenträger, einschließlich gefährdeter Bevölkerungsgruppen, und deren Einbeziehung in Entscheidungsprozesse gewährleistet integrativere und wirksamere Bemühungen zum Aufbau von Resilienz.

5. Aufklärung und Sensibilisierung: Die Förderung der öffentlichen Aufklärung und des Bewusstseins für Maßnahmen zur Risikoresilienz und nachhaltige Praktiken ist von entscheidender Bedeutung. Dies hilft Einzelpersonen und Gemeinschaften, ihre Rollen und Verantwortlichkeiten zu verstehen, sodass sie vorbeugende Maßnahmen ergreifen und widerstandsfähigere Verhaltensweisen annehmen können. Bildung erleichtert auch den Austausch von Innovationswissen und die Übernahme bewährter Verfahren.

6. Politik und Governance: Der Aufbau von Resilienz erfordert koordinierte Maßnahmen auf verschiedenen Ebenen, einschließlich nationaler, regionaler und lokaler Governance. Politische Entscheidungsträger müssen Resilienzprinzipien in Entwicklungspläne, regulatorische Rahmenbedingungen und Strategien integrieren. Dazu gehört die Angleichung sektoraler Politiken, die Verbesserung der Koordination zwischen relevanten Interessengruppen und die Schaffung von Anreizen für Resilienzinvestitionen.

7. Adaptives Planen und Lernen: Resiliente Systeme passen sich kontinuierlich an sich ändernde Bedingungen an und lernen aus Erfahrungen. Bei der adaptiven Planung werden Flexibilitätssz enarioplanung und iterative Lernzyklen in Entscheidungsproze sse integriert. Regelmäßige Überwachungs-, Bewertungs- und Feedbackmechanismen ermöglichen Feedbackschleifen und

stellen sicher, dass Resilienzstrategien relevant und wirksam bleiben.

Die Schaffung einer resilienten Zukunft ist ein komplexer Prozess, der einen mehrdimensionalen und ganzheitlichen Ansatz erfordert. Dabei handelt es sich um eine Kombination aus physisch-technischen, sozioökonomischen und Governance-Maßnahmen. Durch die Integration dieser Elemente können Gesellschaften ihre Fähigkeit verbessern, angesichts von Unsicherheiten zu gedeihen, die Auswirkungen von Störungen minimieren und langfristig die Nachhaltigkeit fördern.

9.1 Aufbau emotionaler Resilienz: Emotionale Resilienz bezieht sich auf unsere Fähigkeit, uns anzupassen und von Herausforderungen, Rückschlägen und schwierigen Emotionen zu erholen. Um emotionale Widerstandsfähigkeit aufzubauen, müssen Instrumente und Strategien entwickelt werden, um effektiv mit Stressfaktoren umzugehen und das Wohlbefinden aufrechtzuerhalten. Dazu gehört die Kultivierung des Selbstbewusstseins, das Erlernen gesunder Bewältigungsmechanism en und die Entwicklung einer positiven Denkweise. Durch die Ausübung emotionaler Belastbarkeit können wir die Höhen und Tiefen des Lebens leichter meistern und unser geistiges und emotionales Wohlbefinden bewahren.

Um die emotionale Belastbarkeit zu stärken, können wir uns an Aktivitäten wie Achtsamkeitsmeditation, Atemübungen und Journalismus beteiligen, um das Selbstbewusstsein zu stärken und Stress zu bewältigen. Der Aufbau eines unterstützenden Netzwerks aus Freunden der Familie oder Mentoren kann in schwierigen Zeiten auch emotionale Unterstützung bieten. Regelmäßige Selbstfürsorgepraktiken wie Bewegung, gesunde Ernährung und ausreichend Schlaf sind entscheidend für die Aufrechterhaltung des emotionalen Gleichgewichts. Der Aufbau emotionaler Belastbarkeit ist ein fortlaufender Prozess des Lernens und Wachstums durch Selbstreflexion.

9.2 Innere Stärke und Selbstvertrauen kultivieren: Die Kultivierung innerer Stärke und Selbstvertrauen beinhaltet die Entwicklung eines starken Selbstwertgefühls, des Glaubens an die eigenen Fähigkeiten und des Vertrauens in die eigene Intuition. Dazu gehört das Erkennen und Annehmen persönlicher Stärken, das Lernen aus Fehlern und das Eingehen kalkulierter Risiken. Innere Stärke gibt uns den Mut, Hindernisse zu überwinden und Ziele zu verfolgen, während Selbstvertrauen uns befähigt, uns zu behaupten und neue Herausforderungen anzunehmen.

Um innere Stärke und Selbstvertrauen zu entwickeln, ist es wichtig, klare Ziele zu setzen und diese in überschaubare Schritte zu unterteilen. Das Feiern kleiner Erfolge auf dem Weg dorthin kann das Selbstvertrauen und die Motivation stärken. Die Teilnahme an Aktivitäten, die mit unseren Werten und Leidenschaften in Einklang stehen, kann auch das Zielbewusstsein fördern und die innere Stärke stärken. Das Üben positiver Affirmationen und das Herausfordern negativer Selbstgespräche kann dazu beitragen, unsere Denkweise in Richtung Selbstermächtigung und Belastbarkeit zu ändern.

9.3 Veränderungen und Unsicherheit annehmen: Veränderungen und Unsicherheit sind unvermeidliche Aspekte des Lebens. Um sie anzunehmen, muss eine Denkweise entwickelt werden, die sie als Chance für Wachstum und Transformation und nicht als Bedrohung betrachtet. Indem wir Veränderungen und Unsicherheit annehmen, können wir Anpassungsfähigkeit und Offenheit für neue Erfahrungen fördern, was letztendlich zu persönlichem und beruflichem Wachstum führt.

Um Veränderungen und Unsicherheit anzunehmen, ist es hilfreich, Resilienz zu üben, indem wir uns auf das konzentrieren, was wir kontrollieren können, anstatt uns mit dem zu beschäftigen, was wir nicht kontrollieren können. Die Entwicklung einer wachstumsorientierten Denkweise, die Herausforderungen als Chance zum Lernen sieht, kann ebenfalls dabei helfen, Veränderungen anzunehmen. Der Aufbau eines Unterstützungssystems aus befreundeten Mentoren oder professionellen Netzwerken kann in Zeiten der Unsicherheit Orientierung und Ermutigung bieten. Darüber hinaus können proaktive Schritte zur persönlichen und beruflichen Weiterentwicklung, z. B. das Erlernen neuer Fähigkeiten oder das Setzen neuer Ziele, dabei helfen, Zeiten des Wandels zu meistern.

9.4 Andere mit unserer Reise inspirieren: Unsere Lebensreise kann andere inspirieren und positiv beeinflussen, indem wir unsere Erfahrungen, gewonnenen Erkenntnisse und persönliches Wachstum teilen. Indem wir unsere Herausforderungen, Erfolge und die Strategien, mit denen wir Hindernisse überwunden haben, authentisch teilen, können wir andere auf ihrem eigenen Weg motivieren und unterstützen.

Um andere zu inspirieren, ist es wichtig, transparent und verletzlich zu sein, da dies eine Verbindung und Nachvollziehbarkeit schafft. Das Teilen von Geschichten über Resilienz, Selbstfindung und persönliche Transformation kann andere dazu inspirieren, ihre eigenen Probleme zu überwinden und ihre Träume zu verwirklichen. Indem wir unseren Mitmenschen Unterstützung, Ermutigung und Anleitung bieten, können wir eine positive Auswirkung auf unsere Gemeinschaften haben. Darüber hinaus können wir durch unsere Handlungen, Einstellungen und Werte ein positives Beispiel geben und andere dazu inspirieren, sich auf ihre eigene Reise der Selbstverbesserung und des persönlichen Wachstums zu begeben.

Zusammenfassend lässt sich sagen, dass der Aufbau emotionaler Belastbarkeit, die Kultivierung innerer Stärke und Selbstvertrauen, das Annehmen von Veränderungen und Unsicherheiten und die Inspiration anderer auf unserer Reise miteinander verbundene Aspekte des persönlichen Wachstums und der persönlichen Entwicklung sind. Indem wir diese Prinzipien bewusst praktizieren, können wir die Herausforderungen des Lebens mit Anmut meistern, andere inspirieren und uns auf eine Reise der Selbstfindung und persönlichen Transformation begeben.

10

Abschluss

Zusammenfassend lässt sich sagen, dass die Kraft der Heilung und des Fortschritts ein wesentlicher Teil unserer menschlichen Erfahrung ist. Heilung ermöglicht es uns, emotionale, mentale und physische Wunden anzugehen und zu überwinden, während wir voranschreiten. Dies ist der transformative Prozess, der uns zu Wachstum und neuen Möglichkeiten treibt.

Heilung ist kein linearer Prozess; Es ist für jeden Einzelnen einzigartig und kann einige Zeit dauern. Ganz gleich, ob es sich um die Heilung von einem traumatischen Ereignis, einer zerbrochenen Beziehung oder vergangenen Fehlern handelt, der Prozess beinhaltet oft die Anerkennung und Akzeptanz des Schmerzes, die Suche nach Unterstützung und die Anwendung therapeutischer Praktiken wie Beratung zur Selbstreflexion und Selbstfürsorge.

Indem wir unseren Schmerz anerkennen und uns ihm stellen, können wir die Heilungsreise beginnen. Dazu kann es gehören, Emotionen auszudrücken, traumatische Erinnerungen zu verarbeiten oder professionelle Hilfe zu suchen. Heilung erfordert Verletzlichkeit und Mut, da sie die Konfrontation mit schwierigen Erfahrungen und Emotionen erfordert. Durch diesen Prozess können wir jedoch beginnen, den Einfluss des Schmerzes auf unser Leben zu lösen.

Bei der Weiterentwicklung geht es darum, Veränderungen anzunehmen und persönliches Wachstum zu fördern. Es bedeutet, aus unseren vergangenen Erfahrungen zu lernen und sie zu nutzen, um eine bessere Zukunft zu gestalten. Voranzugehen bedeutet nicht unbedingt, die Vergangenheit zu vergessen oder Emotionen zu unterdrücken; Vielmehr geht es darum, Lehren und Sinn aus unseren Erfahrungen zu ziehen und sie zum Aufbau von Resilienz zu nutzen.

Um vorwärts zu kommen, müssen wir oft loslassen, was uns nicht mehr dient, gesunde Grenzen setzen und proaktive Schritte in Richtung unserer Ziele unternehmen. Es kann sein, dass wir uns neue Fähigkeiten aneignen, neue Möglichkeiten erkunden oder unsere Perspektiven neu gestalten. Dazu gehört auch, Selbstmitgefühl und Vergebung gegenüber uns selbst und anderen zu üben.

Heilung und Fortschritt sind miteinander verbunden und voneinander abhängig. Heilung bildet die Grundlage für Wachstum und Fortschritt, während das Voranschreiten die kontinuierliche Heilung und Transformation unterstützt. Indem wir unseren Schmerz anerkennen und ihn mit Heilpraktiken angehen, können wir den nötigen Raum für Wachstum schaffen und uns auf eine bessere Zukunft freuen.

In unserem persönlichen Leben kann uns die Kraft der Heilung und des Fortschritts Frieden, Erfüllung und Widerstandsfähigkeit bringen. Es ermöglicht uns, uns von den Fesseln der Vergangenheit zu befreien und eine positivere und kraftvollere Gegenwart zu schaffen. Im größeren Maßstab kann kollektive Heilung und Fortschritt den sozialen und kulturellen Fortschritt erleichtern und Empathie, Verständnis und Einheit fördern.

Es ist wichtig, sich daran zu erinnern, dass Heilung und Fortschritt fortlaufende Prozesse sind und es keinen festen Endpunkt gibt. Sie erfordern Geduld, Selbstmitgefühl und den Einsatz für persönliches Wachstum. Indem wir die Kraft der Heilung annehmen und voranschreiten, können wir ein Leben voller emotionalem Wohlbefinden, Sinn und Erfüllung kultivieren.

10.1 Nachdenken über unser Wachstum und unsere Transformation:

Da wir uns dem Ende unserer Reise nähern, ist es wichtig, sich einen Moment Zeit zu nehmen, um über das Wachstum und die Transformation nachzudenken, die wir erlebt haben. Im Laufe unserer Interaktionen und Gespräche haben wir durch verschiedene Themen navigiert, neue Perspektiven kennengelernt und unser Verständnis erweitert. Wir sind auf Herausforderungen und Hindernisse gestoßen, haben aber auch Erfolge und Erfolge gefeiert.

Unser Wachstum als Einzelpersonen und als Gemeinschaft zeigt sich in der Art und Weise, wie wir zusammengekommen sind, um uns gegenseitig zu unterstützen, konstruktive Diskussionen zu führen und Vielfalt und Inklusivität zu begrüßen. Wir haben gelernt, unterschiedliche Meinungen und Standpunkte zu schätzen und den Reichtum zu erkennen, den sie in unsere Gespräche einbringen.

Individuell haben wir in zahlreichen Bereichen Wissen erworben und unseren intellektuellen Horizont erweitert. Wir haben unsere Fähigkeiten zur Problemlösung verfeinert, kritisches Denken geübt und ein tieferes Verständnis für die Welt um uns herum entwickelt. Durch dieses Wachstum sind wir zu vielseitigeren, mitfühlenden Menschen geworden.

10.2 Eine bessere Zukunft anstreben:

Mit diesem Wachstum geht die Chance einher, in eine bessere Zukunft zu blicken. Ausgestattet mit den erworbenen Kenntnissen, Fähigkeiten und Perspektiven haben wir die Macht, einen positiven Einfluss auf unser persönliches Leben, unsere Gemeinschaft und die Welt insgesamt zu nehmen. Wir können unser neu gewonnenes Verständnis und Einfühlungsvermögen nutzen, um soziale Gerechtigkeit zu fördern, uns für nachhaltige Praktiken einzusetzen und Gleichheit und Inklusivität zu fördern.

Vergessen wir auf unserem weiteren Weg nicht, wie wichtig kontinuierliches Lernen und Wachstum sind. Es gibt immer Raum für Verbesserungen und neue Entdeckungen. Wir sollten aufgeschlossen und empfänglich für neue Ideen bleiben, ständig nach Wissen streben und unsere eigenen Überzeugungen in

Frage stellen.

Die Zukunft birgt endlose Möglichkeiten und es liegt in unserer Verantwortung, sie zum Besseren zu gestalten. Indem wir zusammenarbeiten, uns gegenseitig unterstützen und uns weiterhin für persönliches und kollektives Wachstum einsetzen, können wir eine hellere, integrativere und nachhaltigere Welt schaffen.

10.3 Ermutigung und Unterstützung für andere:

Am Ende unserer Reise wollen wir uns schließlich daran erinnern, auch anderen unsere Ermutigung und Unterstützung zu geben. Wir alle haben von der Weisheit und den Erkenntnissen unserer Mitteilnehmer profitiert. Jetzt ist es an der Zeit, es vorwärts zu zahlen.

Lassen Sie uns aktiv zuhören, wie andere ihre Erfahrungen bewerten, und einen sicheren Raum für einen offenen und ehrlichen Dialog bieten. Unsere Worte und Taten haben die Kraft, andere aufzurichten, zu inspirieren und zu motivieren. Indem wir unsere Unterstützung und Ermutigung anbieten, können wir Einzelpersonen dazu befähigen, ihre Träume zu verwirklichen, ihre Herausforderungen zu meistern und ihre eigene persönliche Reise des Wachstums und der Transformation fortzusetzen.

Denken Sie daran, dass jede Stimme wichtig ist und jeder Einzelne etwas Einzigartiges beizutragen hat. Indem wir ein Umfeld der Unterstützung und Ermutigung schaffen, können wir das Beste aus uns selbst und den Menschen um uns herum herausholen. Gemeinsam können wir eine Gemeinschaft schaffen, die auf den Prinzipien der Wachstumsempathie und des Mitgefühls lebt.

Lassen Sie uns zum Abschluss unserer gemeinsamen Reise über unser Wachstum nachdenken, eine bessere Zukunft anstreben und unsere Ermutigung und Unterstützung auf andere ausdehnen. Dies ist nicht das Ende, sondern der Beginn eines neuen Kapitels in unserem Leben. Lassen Sie uns die gewonnenen Erkenntnisse und die geknüpften Verbindungen mit uns tragen, während wir voranschreiten, bereit, neue Herausforderungen anzunehmen und unsere persönliche Reise des Wachstums und der Transformation fortzusetzen.

11

Tipps, die Ihnen helfen

Hier sind 150 Tipps, die Ihnen helfen, sich nach einer Trennung
selbst zu heilen:

Emotionen und Selbstreflexion verstehen:

1. Erlaube dir, die Emotionen zu spüren, die aufkommen.
2. Notieren Sie täglich Ihre Gedanken und Gefühle.
3. Üben Sie Selbstreflexion, um zu verstehen, was Sie aus der
   Beziehung gelernt haben.
4. Schaffen Sie einen sicheren Raum für die Verarbeitung
   Ihrer Emotionen.
5. Suchen Sie bei Bedarf eine professionelle Therapie oder
   Beratung auf.
6. Üben Sie Achtsamkeit, um präsent zu bleiben und mit
   negativen Gedanken umzugehen.
7. Schreiben Sie einen Brief an Ihren Ex, ohne ihn abzusenden,
   und drücken Sie darin Ihre Gefühle aus.
8. Erstellen Sie eine Liste mit positiven Eigenschaften über

sich selbst.

Selbstfürsorge und körperliches Wohlbefinden:

9. Priorisieren Sie regelmäßige Bewegung, um die Endorphinau
sschüttung zu steigern.

10. Gönnen Sie sich ausreichend Schlaf, um Ihr emotionales
Wohlbefinden zu unterstützen.

11. Achten Sie auf eine ausgewogene und nahrhafte Ernährung.

12. Nehmen Sie an Aktivitäten teil, bei denen Sie sich körperlich gut fühlen.

13. Versuchen Sie es mit Yoga oder Meditation zur Entspannung.

14. Vermeiden Sie übermäßigen Alkoholkonsum oder ungesunde Bewältigungsstrategien.

15. Nehmen Sie zur Entspannung ein warmes Bad oder
machen Sie eine Aromatherapie.

16. Konzentrieren Sie sich auf gute Hygiene und Selbstpflege.

Emotionale Heilung und Akzeptanz:

17. Übe Selbstmitgefühl und sei freundlich zu dir selbst.

18. Nehmen Sie das Konzept der Vergänglichkeit und Veränderung an.

19. Akzeptieren Sie, dass Heilung nicht linear verläuft und
Höhen und Tiefen hat.

20. Erstellen Sie eine tägliche Affirmation oder ein Mantra zur
Selbstermutigung.

21. Erlaube dir zu weinen und aufgestaute Gefühle loszulassen.

22. Vermeiden Sie Selbstvorwürfe und erkennen Sie an, dass

beide Parteien eine Rolle gespielt haben.

23. Verzeihen Sie sich und Ihrem Ex alle Fehler.

Aufbau eines Unterstützungssystems:

24. Wenden Sie sich an Freunde und Familie, um Unterstützung und Kontakt zu erhalten.

25. Treten Sie Selbsthilfegruppen oder Online-Communities bei, um sich nach einer Trennung zu erholen.

26. Suchen Sie bei Bedarf professionelle Beratung oder Therapie auf.

27. Umgeben Sie sich mit positiven und aufbauenden Menschen.

28. Teilen Sie Ihrem Support-System Ihre Bedürfnisse mit.

29. Nehmen Sie an gesellschaftlichen Veranstaltungen teil oder nehmen Sie an neuen Aktivitäten teil, um neue Leute kennenzulernen.

30. Beschränken Sie den Kontakt mit negativen Einflüssen oder Energie raubenden Personen.

Leidenschaften und Interessen wiederentdecken:

31. Nehmen Sie Ihre Hobbys und Aktivitäten wieder auf, die Ihnen früher Spaß gemacht haben.

32. Entdecken Sie neue Hobbys und Interessen, um Ihren Horizont zu erweitern.

33. Setzen Sie sich kleine Ziele, um neue Erfahrungen auszuprobieren.

34. Investieren Sie Zeit in kreative Beschäftigungen wie Malen, Schreiben oder Musik.

35. Nehmen Sie an einem Kurs oder Workshop teil, um etwas

Neues zu lernen.

36. Reisen Sie an einen neuen Ort oder unternehmen Sie ein Solo-Abenteuer.

Loslassen und weitermachen:

37. Kreieren Sie ein symbolisches Ritual, das das Loslassen symbolisiert, wie etwa das Loslassen von Luftballons.

38. Räumen Sie Gegenstände aus, die schmerzhafte Erinnerungen wecken.

39. Entfolgen Sie Ihrem Ex in den sozialen Medien oder schalten Sie ihn stumm.

40. Konzentrieren Sie sich auf den gegenwärtigen Moment, anstatt in der Vergangenheit zu verweilen.

41. Üben Sie tiefe Atemtechniken, um mit Angstzuständen umzugehen.

42. Stellen Sie sich vor, die emotionalen Bindungen zu lösen, die Sie an die Vergangenheit binden.

Achtsamkeit und Meditation:

43. Übe Achtsamkeitsmeditation, um auf dem Boden zu bleiben.

44. Nutzen Sie geführte Meditations-Apps zur Entspannung.

45. Üben Sie Dankbarkeit, indem Sie täglich Dinge auflisten, für die Sie dankbar sind.

46. Meditiere über Selbstliebe und Akzeptanz.

47. Nehmen Sie sich Zeit für regelmäßige Meditationssitzungen.

Selbstvertrauen wiederherstellen:

48. Listen Sie Ihre Erfolge und Stärken auf.

49. Erstellen Sie ein Vision Board für Ihre zukünftigen Ziele und Träume.

50. Umgeben Sie sich mit positiven Affirmationen und Zitaten.

51. Fordern Sie negative Selbstgespräche mit positiven Affirmationen heraus.

52. Nehmen Sie an Aktivitäten teil, die Ihnen das Gefühl geben, fähig und erfolgreich zu sein.

Stärkung der inneren Widerstandskraft:

53. Entwickeln Sie eine Wachstumsmentalität, indem Sie Herausforderungen annehmen.

54. Entwickeln Sie einen Tagesablauf, der für Struktur und Stabilität sorgt.

55. Lernen Sie aus der Trennung und identifizieren Sie Bereiche für persönliches Wachstum.

56. Konzentrieren Sie sich auf den Aufbau emotionaler Belastbarkeit und Anpassungsfähigkeit.

57. Nehmen Sie Veränderungen als Chance für Wachstum an.

Das soziale Leben neu entdecken:

58. Verbinde dich wieder mit alten Freunden, zu denen du vielleicht den Kontakt verloren hast.

59. Nehmen Sie an gesellschaftlichen Veranstaltungen oder Zusammenkünften teil, um Ihren sozialen Kreis zu erweitern.

60. Veranstalten Sie ein Treffen oder Abendessen mit Freunden bei Ihnen zu Hause.

61. Treten Sie Clubs oder Gruppen bei, die Ihren Interessen entsprechen.

Neue Beziehungen erkunden:

62. Wenn Sie bereit sind, beginnen Sie mit der Pflege neuer Freundschaften.

63. Beteiligen Sie sich an Casual-Dating oder lernen Sie durch Aktivitäten neue Leute kennen.

64. Kommunizieren Sie Ihre Bedürfnisse und Grenzen in neuen Beziehungen.

65. Nehmen Sie sich Zeit, eine emotionale Verbindung und Vertrauen aufzubauen.

Fokussierung auf persönliches Wachstum:

66. Setzen Sie sich neue Ziele für die persönliche und berufliche Entwicklung.

67. Nehmen Sie an einem neuen Kurs oder einer neuen Zertifizierung teil, um Ihre Fähigkeiten zu verbessern.

68. Lesen Sie Bücher oder hören Sie Podcasts, die zu persönlichem Wachstum anregen.

69. Besuchen Sie Seminare oder Workshops zur Selbstverbesserung.

70. Suchen Sie nach Möglichkeiten für den beruflichen Aufstieg.

Journaling und Schreiben:

71. Erstellen Sie ein Trennungstagebuch, um Ihre Fortschritte zu verfolgen.

72. Schreiben Sie sich selbst Briefe als eine Form der Selbsttherapie.

73. Erstellen Sie eine Liste mit Dingen, auf die Sie sich in

Zukunft freuen.

74. Schreiben Sie einen Brief an Ihr zukünftigcs Ich mit Ihren Wünschen.

Kreative Outlets:

75. Drücken Sie Ihre Gefühle durch Kunst, Schreiben oder Musik aus.

76. Erstellen Sie ein Sammelalbum oder ein visuelles Tagebuch, um Ihre Reise zu dokumentieren.

77. Versuchen Sie es mit der Fotografie, um schöne Momente festzuhalten.

Natur und Outdoor:

78. Verbringen Sie Zeit im Freien, um sich mit dem beruhigenden Einfluss der Natur zu verbinden.

79. Machen Sie Spaziergänge, Wanderungen oder Radtouren in malerischen Gegenden.

80. Planen Sie einen Campingausflug oder besuchen Sie einen nahegelegenen Park zum Entspannen.

Helfen Sie ehrenamtlich und geben Sie etwas zurück:

81. Engagieren Sie sich ehrenamtlich, um einen Beitrag für Ihre Gemeinschaft zu leisten.

82. Anderen zu helfen kann ein Gefühl von Zielstrebigkeit und Erfüllung fördern.

83. Treten Sie einer örtlichen Wohltätigkeitsorganisation oder Organisation bei und beteiligen Sie sich aktiv.

Begrenzen Sie Kontakt und Raum:

84. Minimieren Sie den Kontakt mit Ihrem Ex, besonders am Anfang.

85. Schaffen Sie physische und emotionale Distanz, um eine Perspektive zu gewinnen.

86. Ordnen Sie Ihren Wohnraum neu, um eine frische Umgebung zu schaffen.

Positive Visualisierung:

87. Stellen Sie sich eine Zukunft vor, in der Sie glücklich, erfüllt und erfolgreich sind.

88. Erstellen Sie ein Vision Board mit Bildern, die Ihre gewünschte Zukunft darstellen.

89. Üben Sie täglich positive Affirmationen, um Ihre Vision zu stärken.

Gesunde Gewohnheiten:

90. Begrenzen Sie die Bildschirmzeit und digitale Ablenkungen.

91. Richten Sie eine konsistente Schlafroutine für eine bessere Erholung ein.

92. Vermeiden Sie übermäßiges Koffein oder zuckerhaltige Lebensmittel.

93. Üben Sie Entspannungstechniken vor dem Schlafengehen, um die Schlafqualität zu verbessern.

Lachen und Freude:

94. Schauen Sie sich Komödien an oder nehmen Sie an Aktiv-

itäten teil, die Sie zum Lachen bringen.

95. Verbringen Sie Zeit mit Kindern oder Haustieren, um einfache Freude zu erleben.

96. Besuchen Sie Live-Comedy-Shows oder -Aufführungen.

Körperliche Berührung und Komfort:

97. Umarmen Sie Freunde oder geliebte Menschen, um sich unterstützt und getröstet zu fühlen.

98. Gönnen Sie sich eine Massage oder einen Spa-Tag zur Entspannung.

Musik und Bewegung:

99. Hören Sie Musik, die Ihre Stimmung hebt und Sie inspiriert.

100. Tanzen Sie frei, um aufgestaute Energie und Emotionen freizusetzen.

Abenteuer und Erkundung:

101. Planen Sie eine Alleinreise zu einem neuen Ziel.

102. Probieren Sie adrenalingeladene Aktivitäten wie Fallschirmspringen oder Bungee-Jumping aus.

Lernen und wachsen:

103. Besuchen Sie Workshops oder Seminare zur persönlichen Entwicklung.

104. Melden Sie sich für einen Kurs an, um eine neue Fähigkeit oder ein neues Hobby zu erlernen.

105. Fordern Sie sich selbst heraus, eine Angst zu überwinden

oder etwas Neues auszuprobieren.

Dankbarkeitspraxis:

106. Führen Sie ein Dankbarkeitstagebuch und notieren Sie Dinge, für die Sie dankbar sind.

107. Bedanken Sie sich bei Freunden oder Angehörigen für ihre Unterstützung.

Affirmationen und Selbstmitgefühl:

108. Wiederholen Sie täglich positive Affirmationen, um Ihr Selbstwertgefühl zu stärken.

109. Üben Sie Selbstmitgefühl, indem Sie sich selbst freundlich behandeln.

Digitale Entgiftung:

110. Machen Sie Pausen von den sozialen Medien, um Vergleiche zu vermeiden.

111. Entfolgen Sie Konten, die negative Emotionen auslösen.

112. Verwenden Sie Apps, um Ihre Bildschirmzeit zu verfolgen und zu verwalten.

Verwöhnung und Selbstfürsorge:

113. Gönnen Sie sich einen Spa-Tag oder eine Selbstpflegeroutine.

114. Kochen oder bestellen Sie Ihr Lieblingsessen und genießen Sie die Aromen.

Visualisierung und Manifestation:

115. Stellen Sie sich Ihre ideale Zukunft vor und glauben Sie, dass sie möglich ist.

116. Schreiben Sie Ihre Ziele auf und stellen Sie sich vor, sie zu erreichen.

Erforschung der Spiritualität:

117. Entdecken Sie Meditation, Yoga oder Achtsamkeitsübungen.

118. Beschäftige dich mit spirituellen Texten oder Lehren, die dich ansprechen.

Aus der Erfahrung lernen:

119. Identifizieren Sie die Lehren, die Sie aus der Beziehung gezogen haben.

120. Konzentrieren Sie sich auf persönliches Wachstum und positive Erkenntnisse.

Grenzen setzen:

121. Setzen Sie klare Grenzen zu Ihrem Ex-Partner.

122. Teilen Sie Ihren Freunden und Ihrer Familie Ihre Grenzen mit.

Vergebung und Mitgefühl:

123. Übe Vergebung, sowohl für dich selbst als auch für deinen Ex.

124. Kultivieren Sie Mitgefühl für sich selbst und Ihre Reise.

Zufälliger Akt der Freundlichkeit:

125. Erweisen Sie Fremden gegenüber kleine Gesten der Freundlichkeit.

126. Bezahlen Sie den Kaffee von jemandem oder halten Sie die Tür offen.

Journal-Eingabeaufforderungen:

127. Was habe ich aus dieser Trennung über mich selbst gelernt?

128. Wie kann ich diese Herausforderung in eine Chance für Wachstum verwandeln?

Mentoring und Vorbilder:

129. Lassen Sie sich von Menschen inspirieren, die ähnliche Herausforderungen gemeistert haben.

130. Nehmen Sie Kontakt zu Mentoren auf, die Sie auf Ihrem Weg begleiten können.

Aufräumen und organisieren:

131. Reinigen und organisieren Sie Ihren Wohnraum für einen Neuanfang.

132. Spenden Sie Gegenstände, die Sie nicht mehr benötigen, um Platz und positive Energie zu schaffen.

Achtsames Essen:

133. Achten Sie auf Ihre Mahlzeiten und genießen Sie jeden Bissen achtsam.

134. Vermeiden Sie emotionales Essen und üben Sie intuitives Essen.

Positive Affirmationen:

135. Schreiben Sie positive Affirmationen auf und lesen Sie sie täglich.

136. Erstellen Sie ein Mantra, das zu Ihrer Heilungsreise passt.

Feiern Sie kleine Erfolge:

137. Erkennen Sie Ihre Fortschritte an und feiern Sie sie, egal wie klein sie sind.

138. Gönnen Sie sich eine Belohnung für das Erreichen von Meilensteinen.

Solo-Abenteuer:

139. Begeben Sie sich auf einen Solo-Roadtrip, um neue Orte zu erkunden.

140. Versuchen Sie, alleine in einem Restaurant zu speisen, in dem Sie noch nie waren.

Achtsames Atmen:

141. Machen Sie Atemübungen, um Stress und Ängste abzubauen.

142. Probieren Sie die 4-7-8-Technik aus: Atmen Sie 4 Mal ein, halten Sie 7 Mal gedrückt, atmen Sie 8 Mal aus.

Planen Sie spannende Aktivitäten:

143. Erstellen Sie eine Bucket List mit Aktivitäten, die Sie schon immer machen wollten.

144. Planen Sie Ausflüge mit Freunden oder allein, auf die Sie sich freuen können.

Verbinden Sie sich mit der Natur:

145. Verbringen Sie Zeit in der Natur, sei es beim Wandern, Spazierengehen oder Picknicken.

146. Üben Sie Erdungsübungen, wie zum Beispiel barfuß auf Gras laufen.

Trauen Sie sich zu träumen:

147. Setzen Sie sich mutige Ziele für Ihre Zukunft und stellen Sie sich vor, diese zu erreichen.

148. Glauben Sie an Ihr Potenzial, das Leben zu schaffen, das Sie sich wünschen.

Gesunde Fluchten:

149. Machen Sie Pausen von der Arbeit oder dem Alltag, um neue Energie zu tanken und nachzudenken.

150. Planen Sie einen Wochenendausflug oder einen erholsamen Aufenthalt.

Denken Sie daran, dass Heilung eine persönliche Reise ist und diese Tipps an Ihre individuellen Bedürfnisse und Vorlieben angepasst werden können. Seien Sie geduldig und mitfühlend mit sich selbst, während Sie den Weg zur Heilung und zum Wiederaufbau Ihres Lebens nach einer Trennung beschreiten.